U0076371

慈濟環境保護

——扇解脫風 除世熱惱——

TZU CHI Environmental Protection

編著——財團法人印證教育基金會

證嚴上人新民工商演講（1990.8.23）（慈濟花蓮本會提供）

回收的塑料瓶轉化為製作毛毯、服飾的原料（2008）
（攝影 / 楊舜斌）

大愛感恩科技董事長黃華德及執行董事李鼎銘，手持環保毛毯邀請眾人共同守護大地（2009）
（攝影 / 蕭嘉明）

超越肢體障礙，堅持對環境的初發心（2013）（攝影 / 陳啟平）

嘉義市大溪里環保站，志工整理堆積如山的回收物，為愛護地球盡一份心力（2019）（攝影 / 林家芸）

環保志工將離島回收資源運往馬公（2011）（攝影/安培淂）

善用清潔能源以節能減碳（慈濟大學提供）

王本榮校長參與校園環保磚鋪設（2010）（慈濟大學秘書室提供）

大學行政主管至環保站參與資源分類（2010）（攝影 / 賴威任）

華碩董事長施崇棠招待員工享素（2010）（攝影 / 潘瑜華）

將「111 世界蔬醒日」帶入校園（2017）（攝影 / 翁全成）

103 歲的黃蔡寬阿嬤用心整理紙類（2016）（攝影 / 邱祥山）

花蓮 0206 強震安置現場做資源回收（2019.2.6）（攝影 / 陳李少民）

四川成都圖書館環保宣導（2012）（慈濟大學川愛志工隊提供）

海外環保志工教導學生資源回收分類方法（2014）
（攝影 / 鮑玉穎）

印證法源 廣行宗門

慈濟宗門本於一念慈悲濟世之心，五十五年來，超越宗教、種族、地域，撒播無量善種；在宇宙星河，則有一顆「慈濟」小行星，位於火星與木星間、距地球3億多公里，日夜繞行太陽。天上「慈濟」的星光，輝映著世間慈濟人的心光，心星相映，光光相照。

這顆「慈濟（Tzu Chi）」小行星，係2007年5月間係鹿林天文台觀測時發現，中央大學為彰顯慈濟對世人之貢獻，命名「慈濟」行星。2010年7月26日國際天文學聯合會命名正式通過，象徵以善、以愛為寶的「慈濟」躍上天際，代表無私、無所求的精神恆久傳遞。

為傳承慈濟宗門之廣行，各志業同仁發心編寫四大八印專書，蒐羅博采，揀擇核實，徵引大事紀，剖析大數據，匯編大歷史。《叢書》費時一年完成，以四大志業為綱，八大法印為目；依各志業歷時性的發展為主軸，輔以共時性的學術論述，文理史論，交互輝映。各書以《無量義經偈頌》為標引，諸佛名號果德為指歸，啟發人人本具性德為路徑，誠正信實走入人群，慈悲喜捨濟度有情。

《慈濟慈善志業——洪注大乘　潤漬眾生》志承「如來」家業，如來者，乘如實之道，來成正等正覺。慈善志業以如法、如理、如是之道，成救苦、救難、救世之行，詳載難民援助、防災減災，行善半世紀，愛灑百餘國之紀錄。

《慈濟醫療志業——救處護處　大依止處》效法「大醫王」胸懷，創設全臺七家醫院，在缺乏資金、人力、土地，艱困籌建後，造福偏鄉原鄉；國際慈濟人醫會全球醫療援助，及析論臺灣醫療之永續發展。

《慈濟教育志業——曉了分別　性相真實》學習「天人師」之德行，興辦慈濟大學、慈濟科技大學、慈大附中、臺南慈濟中學四校，培育典範良師，作育人間英才，推廣國際教育、社會教育，援建海內外學校，闡述慈濟教師聯誼會與靜思語對教學之助益。

《慈濟人文志業——大愛清流　法音宣流》本乎「正遍知」使命，宣揚正知、正念、正行，以期達到正確而普遍了知。回溯慈濟月刊、大愛廣播、大愛電視台、經典雜誌、人文真善美志工創立緣起，報真導正，傳播人間美善。

《慈濟急難賑災——無量大悲 救苦眾生》依止「明行足」之德行，結合智慧與實踐，圓滿而具足。在全球災禍連連之際，慈濟人研發救苦救難之科技設備，直接、重點、及時、務實、關懷五大洲、119個國家地區之歷程。

《慈濟大捨捐贈——頭目髓腦 悉施於人》體現「善逝」之精神，亦即善巧教化，不執著、無分別，捨身度人。無語良師盡形壽獻身命於大體解剖學、模擬手術教學和病理解剖，貢獻醫學教育，培育良醫。骨髓捐贈則為救人一命，無損己身之例證。

《慈濟社區志工——布善種子 遍功德田》立「調御丈夫」之志，各區志工以大丈夫之氣度，調伏煩惱，發揮功能與良能，全人、全家、全面、全程，就近就地，長期守護社區，成為安定社會的磐石。

《慈濟環境保護——扇解脫風 除世熱惱》尋求「世間解」之精髓，通達理解世間之事理，尋求解決環境之沈痾。面對氣候變遷、地球暖化，慈濟推行環保三十年，從回收品研發綠色產品，在生活中減塑、素食到身心環保。

總括八冊專書以「事」契「理」，修習理事圓融。以「行」入「解」，深明解行相應。以「悲」啟「智」，體悟悲智雙運。從「做中學，學中覺，覺後修。」實踐慈濟「行經」之宗風—行菩薩道，經真實路，尋根溯本，印證法源。

叢書分為兩套，第一套「四大志業」，編修慈善、醫療、教育、人文之志業史實。第二套輯錄急難賑災、大捨捐贈、社區志工及環境保護，秉持四大八法之精神，結集四大志業相依相攝、合和互協，名為「四大合協」。

《無量義經》云：「譬如從一種子生百千萬，百千萬中，一一復生百千萬數，如是展轉乃至無量。」一生無量的慈濟人，秉承佛心師志，為佛教、為眾生，聞聲救苦，慈心悲願之文史得以付梓，感恩四大志業，合心編纂印證叢書，記載志業發展歷程，撰述全球援助事例，匯集人間美善行誼，見證宗門無邊大愛、無量善行。

釋證嚴

「行入」慈濟大藏經[1]

釋昭慧

（玄奘大學宗教與文化學系教授）

宗教環保的「教證」與「理證」

當代各種投入環保運動的宗教家，往往依其古老聖典，作出文本的詮釋與分析（簡稱「文本分析」）。這是在為「人類應如何看待生態環境」，尋求權威性的經典依據。這些宗教家甚至不排除面對新時代的新問題，如核能發電、基改作物、溫室效應等等，而作出教典的再詮釋，好能作出倫理判斷（知），尋求解決之道（行）——就佛教術語而言，這類文本分析屬於各該宗教環保理念的「教證」。

其次，各宗教內部的思想家（神學家），也各自建構其生態哲學（或生態神學）。此中依當代西方所分類的生態哲學，大抵可區分為三種主義：

1 本文原刊載於許木柱、何日生（編著）（2012），《環境與宗教的對話》（頁2-20），經典雜誌出版。為配合本書版面，本文內容與版面編排略有調整。

一、「人類中心主義」(Anthropocentrism):將人類價值高推到所有生物與無生物的頂極地位,例如:西方主流哲學高推人的「理性」,西方主流神學高推人的「神性」,因此大抵認為:只有人類具足「目的價值」,其餘生物與無生物只有在滿足人類需求和利益的前提下,才具足其「工具價值」。

這種西方主流神學與主流哲學的思維,影響到了啟蒙運動以來的西方科技研究,以及資本主義思維下的畜牧業。迄今每日全球有數以億計的生靈,被捉來作動物實驗,或是被關到集約農場,牠們備受種種楚毒酸切的殘暴凌虐,求生不得而求死不能。東方科學界竟然毫不猶豫地,延用著動物實驗的法定程序,並且同樣視此作為必不可少的「標準作業程序」,這真是不折不扣的全球人心大淪陷,全球業力大黑洞!

二、「生態中心主義」(Ecocentric Ethics):主張自然世界的整體生態系統,含生物與無生物,都具有其目的價值,並依生態系整體的永續性運作,來決定個體的角色和地位。如當代部分西哲所提出的蓋亞理論、土地倫理、深層生態學等等,以及部分非主流的生態神學,或是對中國天台學中「無情有性」論的再詮釋。

三、「生命中心主義」（Biocentric Ethics）：主張眾生平等，每一種生命的本身就具有其尋求生存與快樂的目的價值或內在價值（而非工具價值），如當代經驗主義西哲所提出的動物解放、動物權，以及佛教的「護生」主張。

然而佛法看待「生命」與「生態」的寬廣角度，使得它無法被全然歸納為其中一種主義。我們只能說：

一、佛法近似生命主義：本諸推己及人而憫念眾生的悲懷，佛陀強調「護生」的重要性，並且反對暴力，這點近似「生命中心」的個體論。

二、佛法近似生態主義：依「緣起」法則，佛陀強調萬事萬物的相依共存、同體相關，此即中國俗諺的「牽一髮而動全身」，以及生態學上的「蝴蝶效應」原理，因此佛法又近乎「生態中心」的整體論。

三、佛法絕非人類中心主義：人類並沒有特權，因為依於無常法則與業力法則，所有眾生都依於他們的心念、言語與行為，而招感到不同的生命形態。作為進入「人道」場域的人，他必須理解此一進、退場機制，否則還是會依不善業而從「人道」退場，招感到低劣、苦難的生命形態，是為「自食其果」。

但是另一方面，佛法依然強調「人身難得」。因為眾生必須進化到知、情、意較為發達的程度，才有進入「人道」場域的機會；較諸其餘眾生，人類能作出相對良好的事實判斷（依於理智）、倫理抉擇（依於情感）與價值體現（依於意志）。因此佛陀說法，也以人類為主要的教學對象。當然，人類之中也有例外情形，那些患有精障、智障的人，或是胎兒、嬰孩、植物人等，並不見得比猩猩、貓狗或豬牛、雞鴨，更具足知、情、意上的優勢。因此以人類的「理性」，片面證成人類的優越地位，業已在事實判斷上，產生了嚴重的錯謬。[2]

各宗教依其文本分析作為「教證」，會進一步建構出系統理論的生態哲學（或生態神學），進而作出種種論述（更精準地說，是論述分析[3]）——就佛教術語而言，這就是各該宗教環保理念的「理證」。

即便是原本被視為對環境並不友善的宗教，面對迫在眉睫的現實需求，察覺到事關人類或眾生禍福，他們

2 Peter Singer, Animal Liberation, 孟祥森、錢永祥譯（1996）：《動物解放》，在本書第一章中，對類此「理性優越」之類理由，直指其是「物種歧視」，並有著十分綿密而有力的駁斥（頁64-69）。臺北：關懷生命協會。

3「論述」（discourse）是由許多「命題」（proposition）所構成的內容，而「論述分析」（discourse analysis）則是進一步將這些命題之間的關係加以分析，目的是要清楚呈現出作者的思路。

也還是可以對既有的宗教觀念再作省思，然後透過前述的聖典再詮釋以及理論再建構（亦即：依於適切的「教證」與「理證」），來改變他們對待生態環境的態度。此中，美國環境倫理學大師 Holmes Rolston III（1932～）就是一位絕佳範例——他以科學家、基督教牧師而兼哲學家的三重身份，跳開了西方主流神學與主流哲學的思維模式，建立起生態主義式的神學論述。

只要「教證」與「理證」充分而有說服力，那麼各該宗教的環保論述，就具足了權威性與正確性，讓信眾付諸生活實踐與群體事工。具有相當組織規模的宗教團體，甚至可以在各自關切的環保議題上，投入（乃至主導）各項議題的環保運動。

宗教環保還要加入「事證」

然而值得注意的是：當代各種宗教團體推行環保運動，並不必然是要等到上述「教證」與「理證」完備之後，才展開行動的。亦即：不必然是依於孫中山先生所說「思想→信仰→力量」的「主義」建構過程，不必然是「論述先發，行動後至」。他們往往是依科普知識以瞭解現況，本諸宗教的核心價值與素樸的良知判斷，而就發為對應性的環保舉動／行動／運動。

領袖型宗教家在此所扮演的，是一種「人格典範」的特色——依於各該宗教的核心價值，本諸悲天憫人的宗教情懷，發為感人肺腑的諄諄教誨，提出簡潔有力的行動宣言。

「人格典範」的宗教家，當然會有其勸說教導與行動指示，但那未必是邏輯綿密且系統周延的論述分析。由於他們有著強烈的生命情懷與感染能力，因此只要登高一呼，往往能激發起眾人「矢志追隨」的豐沛能量。追隨者以這樣豐沛的生命能量，奮力擺脫思想慣性與行為墮性的束縛，逆向躍升而發為個人的環保行動，或是加入群體的環保事工。當這些行動與事工，獲致了自利或利他的正面效應時，那些真實感人而又豐富多樣的生命故事，又透過口耳相傳與媒體報導，形成了強而有力的宗教見證，讓更多人深受感動而加入行動／運動行列。

這是在依科普知識，具體作出生態環境的事實判斷之後，滾雪球般地進行著宗教環保三部曲——抽象的核心價值→具象的人格典範→具象的生命故事，三者交叉印證且不斷擴延。因此我們可以比對發現：在「教證」與「理證」之外，當代宗教環保運動，必須加入精神導師與追隨者的生命故事，那是感人肺腑而激發動力的具體「事證」。

「理證」於宗教環保所扮演的角色

「論述分析」在此所扮演的角色，即是伴隨著「宗教環保」三部曲的進行，對文本作詮釋分析（教證）、對案例作質性或量化研究（事證），並於這兩者的基礎之上，作出哲學式的分析、綜合、歸納、演繹（理證）。

宗教環保的論述分析，有時出自宗教環保運動的提倡者與追隨者，亦即「局內人」（insiders），有時則出自旁觀宗教環保運動的學者、思想家或評論家，亦即「局外人」（outsiders）。

「局內人」大都為這三部曲的每一感人故事或重要環節，作出紀錄、賦與詮釋，甚或萃取出共同現象與共通法則，而加以闡述、評斷，有時也會作出愛深責切的反思與檢討。

「局外人」中之思想家與評論家，基本上有其既定價值信念，這些價值信念，與該諸宗教的環保信念，有的相同而有的相左。

「局外人」中之學者，不是沒有個人的價值信念，但是精嚴的學術專業訓練，使得他們大都較為嚴謹地把持「價值中立」的分寸。

這些局外人所發表的論述，對於該諸宗教的環保理念與事工內涵，未必都會給予全盤的正面肯定，有時也會針對該諸宗教的核心價值、理念、作風、行動，乃至個案，提出他們的質疑與批評。然而即使是質疑與批評，也必須謹守「經驗檢證」與「邏輯驗證」的法則，凡是天馬行空的隨興漫談，或是含沙射影的情緒宣洩，即使形諸文字，嚴格而言都不能納入「論述分析」的範疇。

知、行「相即」，做、學「相入」

慈濟環保志業，自1990年發展迄今，已逾22年，清晰地印證了如上所述「宗教環保三部曲」的發展軌跡——抽象的核心價值→登高一呼的人格典範→眾多感人的生命故事。

綜觀逾半世紀的慈濟志業，並非一開始就規畫出所謂的「四大志業，八大腳印」，從而架構出逐期進行各種事工的龐大藍圖；反倒大都是一些感人的生命故事或現實場景，讓證嚴法師以悲天憫人的情懷，醞釀出「以具體行動來改善現狀」的想法、腹案，然後感召著慈濟人共同投入。接著就由慈濟人以「摸著石頭過河」的精神，從做中學，邊學邊做。至於「四大志業，八大腳印」，那是在各種志業逐漸具足規模之後，歸納既有成果而提出未來願景的簡潔宣告。

但這並不意味著，慈濟志業純粹來自法師個人的生命悲懷與意志貫徹。事實上，整個慈濟志業，有著非常清晰、明確的佛法貫串其間。筆者以為，證嚴法師作為一位佛弟子，從頭到尾都在奉行著佛法（特別是大乘佛法）的核心價值——「嚴淨國土」、「成熟有情」與「惜福愛物」，並依這三大核心價值，產生了「護念眾生」、「膚慰地球」與「珍惜資源」的三大行動基調，在各種時間與場合，以契理契機的開示與演說，來闡明這些核心價值與行動基調，隨著時節因緣而逐漸規畫出各種志業的項目與內容。

法師以其悲天憫人的生命情懷，親力親為地帶領著為數龐大且逐年增多的慈濟人，「行入慈濟大藏經」。茲舉三項「行入慈濟大藏經」的特質：

一、在接引對象方面，慈濟人來自知識份子、企業領袖、社會菁英、普羅大眾、社會底層乃至罪犯遊民。它真正做到了「三根普被、利鈍全收」的淨土理想，契應著「等視眾生」的佛陀本懷！

二、在教導順序方面，法師很明確地規畫出「由善門入佛門」的願景。許多慈濟人並非先有佛教信仰，再受法師感召而投入慈濟；反倒是先接受了法師的人格感召，投入慈濟志業之後，才逐漸將佛法內化為自己的信念。乃至於慈濟人是不是必須要在形式上加入佛門？法師也相當尊重他們的個人選擇。因此有許多社會人士與友教信徒，也歡喜地成為「慈濟大家庭」的忠實成員。

三、在教導內容方面，可以歸納出「積少成多」的特色。法師並非滔滔雄辯的哲學家，但絕對是極富感召力與影響力的宗教家，以及洞悉人性而因勢利導的教育家。法師深知「知易行難」的人性弱點，因此她在每一時期，相應於前述核心價值與行動基調，往往只提出一、兩項簡潔有力的重點提示，跳過論述分析的枝枝節節，直接告訴慈濟人：「做就對了！」讓慈濟人將這些重點提示「信受奉行」而付諸實踐，以團隊力量互勵共勉，克服某一、兩項頑強的不良習性，作出某一、兩項自利利他的共同行動，如此緩進地改造生命底蘊與生活習慣。

弟子們依各該階段的重點提示，運用著與時俱進的科學知識，累積了豐富、有效的實務經驗，這時法師再訐衡外部時勢與內部能力，作出下一階段的重點提示，訂出下一階段個人行動與群體事工的重點。

慈濟人常掛在口裡的是「佛心師志」、「做就對了」。由於「信受」佛心、「奉行」師志，起先是依於法師指令，「做就對了」。緊接著在投入之後「證實」己行一發現這果真是「做就對了」。

這時，法師再進一步提出簡潔有力的提示：「要做對的事情。」至於什麼是「對的事情」，其思想判準恰恰來自前述三大核心價值的「佛心」；其實踐判準則來自前述三大行動基調的「師志」。

「對的事情」未必就做得出來，除了對「佛心」與「師志」的全然信賴之外，還仰賴組織分工，規畫並執行循序漸進的教育與推廣，學習與印證，因此慈濟人依於一項又一項的重點提示，「積少成多」地發為有力行動，產生豐沛成果，終於形成力挽狂瀾的全球性運動。國際賑災如此，全球環保亦然。

在法師的人格感召下，依「佛心」（核心價值）作為源頭活水，以「師志」（行動基調）作為實踐綱領，配合著每一階段的重點提示，慈濟人逐步、逐項地身體力行，務必要這樣緩進教學，才能達成天台學中所謂「相即相入」的效果：知、行「相即」，做、學「相入」。於做中學，邊學邊做；即知即行，知行合一。

「行入」慈濟大藏經

筆者一向是十足理性的學者，此從上述文段的論議風格，已可窺其一班。然而即使如此，當筆者為了撰寫本序而拜讀本書之時，最為觸動筆者心靈的，竟然不是綿密思辯的論述分析，而是證嚴法師的如下法語：「走路要輕、怕地會痛！」

近日筆者每當閱讀此語，或是向學生轉述此語，總是在那一瞬之間，感受到字裡行間的無限細緻、無比溫柔、無量慈悲，這讓全身的每一顆細胞，都受到了無與倫比的能量衝擊！這樣強大的身體覺受，反應在個人的面部表情，就是忍不住鼻頭酸楚，熱淚盈眶。

只不過是區區八字，竟然產生如此強大的能量！這肯定不是來自對「緣起性空」、「眾生佛性」或「無情有性」之類的正理思辨。難怪慈濟人會如此自豪地說：他們是在「行入慈濟大藏經」──請注意：這是「行入」而非「理入」！這與「反智」與否無關，而是生命心靈的深邃之處，對他者處境「感同身受」的強大能力，受到了法師強大慈悲能量的激發、穿透與活化！這種「感同身受」的強大能力，儒家名之為「良知」，佛家則名之為「自通之法」。

依何日生教授所述：全台灣有超過20萬名慈濟志工，投入環保志業。[4] 全台灣總人口數是2,300萬，然則每115人中，就有一人投入其間。難道這20萬人都是在弄清楚了「緣起性空」、「眾生佛性」與「無情有性」的內在理路，然後才發為行動嗎？他們之中的大多數人，豈不正是依於前述「宗教環保三部曲」——在「佛心」、「師志」下投入之後，證實「己行」果然「做就對了」！

有人認為，這只是「資源回收產業」龐大利潤受益者的板塊位移（從拾荒者位移至慈濟人），然而這樣的陳述業已忽略了一項事實：同是在作「資源回收」，有人因此而得重度憂鬱症（如台灣某位卸任女性立法委員），有人卻因此而連憂鬱症、毒癮症與精神分裂症，都還可以不藥而癒！

何以如此？原來，慈濟環保志業中，「資源回收再利用」的公益企業體，正是德國心靈導師古倫（Anselm

4 何日生（2012）：療癒地球以及人類的身心靈——慈濟環保站的草根運動，《環境與宗教的對話》，頁252-277。新北：經典雜誌。

Grün）神父所指出的，「價值創造利潤」[5] 的最佳範例！在「佛心」與「師志」的體念之中，護念眾生、惜福愛物乃至「怕地會疼」的價值信念油然而生，這牽動出了慈濟人集體強大的慈悲能量，讓志工們在資源回收的工作場域中，對於自己的所做所為，產生了無與倫比的價值感。有此價值信念作為前導，因此志工們在工作時，所思所念不是「拾荒者」的無耐與悲情、不是「社會邊緣人」的屈辱與絕望，而是「愛惜物命，守護地球」的無比尊榮與無限柔情。這使得他們逐漸體會到身心靈、家庭、社會、眾生乃至土地綿密共生、相互依存的自然法則，於是自然而然地產生了「無緣大慈」的生命能量，融入了「同體大悲」的生命海洋。這一連串的運作機轉，具體呈現出身心靈、家庭、社會乃至土地的療癒成果。

這些療癒成果的質性陳述與量化分析，本書處處可見。試想，這些療癒成果到底節約了多少全民健保的國家成本？到底促成了多少生命活力、生活品質、整全家庭、幸福社會與清淨國土？請問這些總體效益，你我能夠算得清楚嗎？

5 Anselm Gr n & Jochen Zeitz原著：Gott, Geld und Gewissen. 吳信如、范瑞薇（譯）（2012）：《金錢與良心》第六章：價值創造利潤，頁123-148。臺北：南與北文化。

局內人與局外人的論述功能

既然如此，我們不禁要問：這項「行入慈濟大藏經」的環保運動，有「佛心→師志→己行」為經，「做就對了」為緯，那不就成了？還有必要大費周章請出局內人或局外人，拿「宗教與環保」乃至「慈濟環保志業」，來作些質性、量化與系統理論的「論述分析」嗎？筆者認為，兩者都有其需要。

一、局內人的論述分析不但有其必要，而且長遠來說，這將是不可或缺的「理證」。它可以來自經典依據的「教證」；更多時候，它也要將源源不絕而又極具說服力的生命故事——具體「事證」，作出抽象的分類、歸納與分析、詮釋，進而完成「佛心→師志→己行」一以貫之而又循環無已的理證。

論述分析的功效很多，它可以鞏固學理基礎、深化思想內涵，也可以增加行動力量。論述分析的內容，可以製成系統性的教材；面對內部或外界的質疑與批判時，它更可以作出審慎的反思、改進，或是有力的回應、反駁，將想法與步調紛歧的內部危機予以化除，並樹立它在社會上的外部威信。

二、局外人的論述分析，無論是對慈濟的環保運動，給予全然的正面肯定、部分的正面肯定、還是予以質疑、批判，都能讓慈濟人獲得直接或間接的饒益。原因是：

局外人的肯定，對慈濟人會產生很大的鼓勵作用，因為一般總還是認為「旁觀者清」，認為它具足較為「客觀、超然」的公信力，不會淪為「自我感覺良好」的內部文宣。

至於局外人的質疑與批判，只要是合理的，還是可以讓慈濟人「有則改之，無則加勉」，加強省思的深厚度、細膩度與改善的寬廣度。即使是不合理的質疑與批判，也能促使局內人在腦力激盪下，產生更為細緻、深層與廣角的回應與辯駁。

綜上所述，局外人的肯定、質疑與批判，無論有理、無理，對慈濟的環保志業而言，只要能掌握慈濟人所強調的「善解、感恩、包容」原則，再加上「理性」的省思、改善、回應與辯駁，都將會形成順增上緣或逆增上緣，讓整個慈濟環保志業的「教證」與「事證」更為豐富、有力，「理證」也更為綿密、周詳。

目次

證嚴上人期勉實業家續物命、造福慧（2006）（慈濟花蓮本會提供）

第❶章
慈濟環保志業

慈濟基金會宗教處環保組

近二十年來，全球暖化，大地以令人驚訝的速度崩壞，科學家不斷提醒，地球出現了前所未有的危機，天災不斷示現「地、水、火、風」四大不調，如北極冰帽快速融化、洪水、土石流、乾旱與超級颶風及森林大火等。證嚴法師諄諄慈示要警覺地球的「無常」，正視人類的行為給地球帶來的負擔與破壞。

隨著全球人口急速增加，科技愈來愈進步，對大地資源的剝奪愈趨激烈。站在世紀災難中，人們如何幫助大地母親療傷、恢復元氣，使其能再庇護眾生？證嚴法師認為，我們都該自我反省，唯有「敬天愛地」，用愛「疼惜大地」，才能使大地重新恢復健康，期勉所有慈濟人用鼓掌的雙手做環保，來減緩全球環境的惡化，不僅可以保護人類共同的母親，也可以保護自己的家園（釋證嚴，2006：20）。在上人的殷殷期盼下，慈濟環保志工在全球各地力行環保，並帶動善的循環。

志業緣起

證嚴法師於 1966 年創立慈濟克難功德會，最初期以慈善濟貧為主軸，後因悲憫貧病共生為貧苦家庭帶來的痛苦，於 1986 年在花蓮成立慈濟綜合醫院，啟動慈濟的醫療志業。四年後，由於特殊的因緣與願力，慈濟的環保志業從 1990 年開始啟動。

1990 年 8 月 23 日，證嚴法師應「吳尊賢文教公益基金會」邀請，前往台中新民商工演講，途經一處夜市，看到垃圾滿地，內心有所感慨，因此在當天演講中期勉信眾：「人說臺灣是寶島，而我說臺灣是淨土，有青山、有綠水、如果大家有心來整頓會更美，希望大家能以鼓掌的雙手做環保，回去將垃圾分類，做資源回收，建立人間淨土，這是我所期待的」（釋證嚴，2006：92）。許多人聽到後起而響應，成為慈濟環保志業的開端。

第一顆環保種子

家住豐原的楊順苓聽到上人「用鼓掌的雙手做環保」的呼籲，她心想：「我自己可以先做一個開始，在社區裡推動，雖然沒多少錢，但大家集合起來，就是一股力量。」一個月後，證嚴法師到台中分會時，楊小姐將回收所得面呈上人，並向法師說明落實環保的方法。她說：

「我到附近的每戶人家去拜訪，不論家庭主婦或阿公、阿婆，我都挨家挨戶的把您說過的話告訴他們，請大家把紙類收集起來，若是瓶瓶罐罐就另外放，分類好，我每週都會去收一次」(釋證嚴，2006：93)。

之後，證嚴法師到台中黎明新村中正堂進行「幸福人生講座」全省巡迴演講，公開楊小姐的環保善行，期勉大眾用鼓掌的雙手做環保，並希望黎明新村成為推動慈濟環保的第一站(參考慈濟全球社區網)。

第一個環保據點

黎民新村慈濟志工簡素娟即時響應呼籲，將回收廢紙堆積在自家門庭成立第一個環保點，帶動左鄰右舍，隨後楊素梅、莊雪、李味等慈濟志工陸續跟進。然而萬事起頭難，志工要面對的問題很多。找人、找車、找擺放回收物的地方都是問題，如何回應拾荒者的不滿，更是一大挑戰。本著「我們在乎的不是錢，是居住品質，是後代子孫」的理念，面對拾荒者的生計問題，慈濟人以他們為優先考量，以他們不要的才要，他們要的，有時候甚至整理乾淨、清潔好了，再雙手奉上，化解了短暫的風雨。

為了找地，多次碰壁，慈濟志工仍不放棄師父的期盼。慈濟志工曾欽瑞與同事商量，是否空出一小塊地供他們做回收站？同事終於答應，一塊五、六坪的回收站於焉成立。他們回收的不只是紙類，廢鐵、電視、冰箱、彈簧床……等，但凡古物商可收購的都列入回收項目。

隨著回收量日益增多，台中區慈誠隊正式有計畫地支援工作，有人負責策畫、有人負責車輛調度、有人專責載運變賣工作，而宣導、分類、整理的任務由各地區慈濟人負責。每個地區只要有10戶以上登記願意加入回收行列，便於當地設一定點。在台中北區，每星期六下午1點半至晚上9點，固定出動三部中型貨車前往定點收載，星期日則依路線先後至各定點回收物資。

第一輛愛心環保車

慈濟人為了環保，有錢出錢，有力出力，但一開始要跟人借車，後來集資買車，好事大家做，有位老菩薩甚至賣菜園捐了一輛環保車。中部慈濟人自此紛紛響應環保善舉，他們不只帶動家人與會員，更帶動學校。如東峰國中在慈濟人楊貴琴老師的宣導下，全校師生一起做資源回收，他們從學校影響到家庭，並擴及鄰居、社會，一起為環保盡心力。學校進而榮獲台中市環保垃圾減量第一名的殊榮，在學校任職的慈濟委員或會員，成了推動環保的一股力量。

從黎明新村開始，他們將回收範圍逐漸擴大至台中市、外埔鄉、后里鄉等地。從社區出發，在社會各角落從事資源回收，身體力行闡揚「惜福愛物」的觀念，並帶動左鄰右舍共同愛護地球。2018年中部地區環保志工已遍布台中、大甲、彰化、苗栗、草屯、二林、雲林等縣市，參與的環保志工達14,000多人。

大台北地區也不落人後，慈濟志工陳蕙民於1990年12月，於板橋體育館聽了上人開示後，和幾位志工先從居家附近的垃圾堆、自己的會員家裡開始，收集可回收物資，並在自己的工作單位發起分類回收。後來回收量愈來愈多，得到慈誠師兄的支援，更積極向外設置回收定點。隨著回收量增加，陳蕙民在1991年以標會所得20多萬元與眾人合資，購買第一輛環保車加入回收行列，塑造了大台北地區慈濟人的回收模式。家庭式定點扮演重要的角色，可讓附近民眾依其方便時間，將物資拿來存放，響應度也較高。

1992年板橋慈濟人與響應度最高的建國里，擬定一個為期半年的資源回收推動計劃，透過當地里長密切配合，於里民大會中宣導，在每月第三個星期日，由慈濟人、當地熱心民眾及市公所清潔隊，沿街地毯式回收居家廢棄物資。推動計畫圓滿後，交由里長與里民自行辦理。板橋慈濟人期望由點至線到面，築成全市回收網，因而逐步建構推動計畫。中永和地區慈濟人決定走出個人，以團體的力量推動環保工作，他們舉辦環保聯誼會，並請專人演講，以提升民眾的環保觀念，教導正確的垃圾分類法，並廣召環保志工。

馬來西亞：愛心環保助腎友

1993年，馬六甲台商夫妻檔劉濟雨、簡慈露，以工廠的會議室及樣品間作為推動慈濟志業的場所，師習台灣以「慈善」立基。1995年，環保志業也起步，從帶動公司同仁，逐漸影響社區民眾，也擴及吉隆坡。然而民眾普遍缺乏環保意識，志工遭遇很多困難，被嘲笑、誤會，以及回收物髒與臭、人力等問題，在在考驗志工的智慧與耐心。隨後因地制宜於各社區成立環保站，每月一次的大型回收日，重在宣導、教育、招募，透過環保茶會，無論在鄉間或都市，小客廳或大會堂，從少則兩三人到多至近百人；甚至把握夜市的流動人口，擺起桌椅，就地邀請民眾參與推動環保，期盼影響一人是一人。

1997年馬來西亞洗腎中心成立，分會首次在檳城打檳埔組屋區，挨家挨戶開始做資源回收，將環保觀念落實於社區，回收所得之善款，全數捐助慈濟洗腎中心基金。「垃圾變黃金，黃金變愛心」運動深獲社會人士熱烈響應，回收量不斷攀升，因應各社區需求，每月第一個星期日為固定的「環保日」之外，也增加「夜間環保」、「校園環保」等多元形式的資源回收活動。

馬來西亞自 2000 年起宣示推動資源回收，8 年來檳城回收率從 0.05% 提升到 18%，是全馬成效最好的地方。檳州首席部長丹斯里根博士說：「檳州目前回收量為全馬第一，其中要感謝慈濟志工的努力！」（賴怡伶，2008）。2010 年 11 月底，簡慈露回台參與慈濟董事會議時，向證嚴法師發願，並喊出口號：「一協一站」（一個協力組、一個環保站）。回馬後，向志工們提出「一協一站」願景，深耕社區，帶動民眾，人人都可以成為愛護環境的一分子，獲得大家的共鳴。

歷經多年的努力宣導與推動，馬來西亞的慈濟環保從典雅古老的檳城、最具歷史意義的馬六甲，到象徵進步的吉隆坡，至 2018 年共有 157 個環保站、940 個環保點，志工人數 13,330 人。他們以華人為主，用心推動垃圾減量、資源回收，規模不大卻很堅定，形成一股帶動的力量。長期耕耘獲得馬來西亞政府及民間肯定，頒贈慈濟「環境最友善機構」、「紙類回收卓越貢獻獎」、「支持國家環保計畫榮譽獎」、「愛心社會再循環運動獎」等殊榮；多個大馬地區的非營利團體，也邀請慈濟示範。

新加坡：環保心 慈濟情

新加坡慈濟人響應證嚴法師的環保呼籲，於 1994 年成立環保組，在組長李浩銘帶動下，利用下班後到志工及會員家收回收物，他們無私付出的身影充分展現環保心、慈濟情。1999 年新加坡政府不允許隨意設立環保點，他們退而求其次，從一個私人住宅區取得管理層同意而設立第一個環保點，由四、五十位志工分散在八棟樓，推著回收車，挨家挨戶敲 654 戶門，逐層往下收，而另一批志工則在住宅區一樓作分類整理。之後，志工逐步拓展環保點，甚至成立夜間環保點，因應上班族能做環保的時間。

新加坡超過 80% 的居民都住在政府組屋，為了深耕社區，2006 年落實社區志工，每個環保點設立接待組，加強環保教育宣導。2007 年改變上門回收方式，慈濟分會定下人間菩薩大招生目標，積極拓展慈善訪視工作，以環保接引民眾，執行長劉濟雨鼓勵居民把物資帶到環保點，一起來作環保分類，進而接引人間菩薩。2011年推動「一協一點」（一個協力組、一個環保點），期許慈濟志工都投入環保，帶動環保風氣，進一步走入企業、學校與醫院宣導。

四川：環保車跑得勤

2008年5月12日四川汶川大地震撼動九省，芮氏規模八點零強震中，逝去八萬多條生命。災後，慈濟在四川德陽三縣市五個定點，提供熱食以及醫療服務。為便利長期援助工作進行，並陪伴鄉親走出心靈陰霾，除在成都成立服務處，並在什邡市洛水鎮、綿竹市漢旺鎮各設一個服務中心，同時也開啟四川環保志業的篇章。

2009年9月，台北慈濟志工蕭秀珠來到洛水推動環保，看見志工人力吃緊，也沒有交通工具可將資源載回服務中心分類，於是自掏腰包捐助一部「慈濟一號」三輪車，自此穿梭在板房區收取資源，很快就看到成果。回收量愈來愈多，當地志工從微薄的生活費中擠出些許，悄悄地合力陸續購買了「慈濟二號」、「慈濟三號」、「慈濟四號」，環保志工在感恩中付出，在付出中體悟，並常常勸鄉親用打麻將的雙手作環保，自此感動不少鄉親，一起守護這片受傷的土地（陳怡伶、張晶玫，2011）。

在漢旺板房區，「環保五大娘」（任時香、賈青芳、鄧秀萍、劉玉秀、張月鳳）感受慈濟人的愛而勇敢踏出，積極推動資源回收，帶動不少鄉親投入，至今環保行動依舊不停歇，繼續為守護家園、愛地球而努力（黃沈瑛芳，2010）。

環境保護 疼惜臺灣

「環境保護」正式納入慈濟八大法印之一，係因 1996 年賀伯風災重創臺灣，不僅全省山區受到波及，靠海地區也因海水倒灌而浸泡水中。證嚴法師親赴災區南投水里及嘉義東石，看到大眾家園破碎景象，呼籲大家共同疼惜臺灣。愛臺灣就必須愛山愛海，蔭子孫就必須救山救海，應該為未來的子孫一起來愛護這塊土地，使臺灣成為吉祥平安、名副其實的「寶島」（釋德仉，2010：108-113）。

「愛地球」成為慈濟人環保行動的終極目標，透過環保行動，法師希望人人本具的愛心啟發出來，進而達到人心淨化，因為「心淨，則國土淨」。如今環保志工已蔚然成林，遍及全球各角落。用鼓掌的雙手展開的慈濟環保法門，至今從富裕的美國、蒸蒸日上的中國、到非洲最南端的南非共和國等 19 個國家落地生根，不管種族與宗教的殊異性，所有慈濟志工都依循著證嚴法師「與地球共生息」的慈示，努力淨化大地與人心。

發展歷程

三十年前，只因「聽師父的話」，一念心的執著，粒粒環保種子萌芽於各地，如今環保不只是一個口號或一個理想而已，它是許多慈濟人和環保志工服膺證嚴法師「用鼓掌的雙手做環保」的呼籲，將關懷化為行動，身體力行用「愛」做出來的，因為他們都有「疼惜地球」的共同心念。

法師說，我們應該感恩地球供應資源，使我們的生命得以延續；我們更有責任為子孫保護資源，使他們能過著充足的日子。若一再透支資源，等於是損害地球的生命。環保觀念需要大力推動，以地球 70 幾億人口來說，光是慈濟人來做，猶如大海中的一滴水。我們寧願做大海中的一滴水，感恩全球許許多多的環保志工，以疼惜地球的心來膚慰大地。時至今日，慈濟的環保行動已朝向國際，在 19 個國家各地生成，這一切都源於證嚴法師的智慧與願力，啟動了慈濟環保志工那一顆「愛地球，做就對了」的一念心（證嚴法師，2006：4）。

精舍苦修 物命延續

「環保即生活，珍惜物命」是早期法師及所有精舍師父的生活準則，精舍生活讓人看到的，不只是一群修行者的克己苦修的經歷，更是對大自然實踐「惜福愛物」之一種具體展現。證嚴法師始終自己過著簡樸的生活，是最佳生活實踐者，早期一張紙對他而言，堅信有其物命存在，使用的只是慈濟回收善款收據後剩餘的紙頭紙尾，總是賦予它四次的生命，第一次書寫用鉛筆；第二次用藍筆；第三次用紅筆；第四次用毛筆，將一張紙物盡其命；至今，精舍的一花一草一木乃至建築，延續物命的這些習慣仍然進行著，然而這股精神影響著全世界的慈濟人，它教導著大家節約才能遠離災難，克己才能救人類、救地球。

地球人口不斷增加，水的需求量相對就會大增。近幾年來，法師不斷提醒與呼籲大家要珍惜水資源、節約用水，水雖然是日常生活必須之物，但只要我們有一顆疼惜的心，以全台灣2,000多萬人來說，每個人省下一杯水，就能節省多少水資源。而地球可用淡水資源只有所有水的0.0075%；台灣是世界排名第18位缺水國，台灣的用水幾乎高達歐美國家的2倍，台灣地區每人每天若能節約50公升，一年下來節約的水是一座翡翠水庫的蓄水量，相當於36,500萬噸（潘煊，2006：138）。

1997年，證嚴法師在一場慈濟委員聯誼會上揭櫫惜水理念：「保護資源一定要在生活中處處用心。我每次打開水龍頭洗手，一定在水龍頭下放個臉盆接水，第二次洗手時，就直接用盆裡的水，再以少許清水沖一沖。最後積下的水，還可以有別的用途」（潘煊，2006：150）。法師的惜水理念不只影響許多慈濟人於日常生活中實踐，更延伸至日後慈濟醫院、慈濟場所、慈濟學校、以及希望工程的建築，都採用雨水/中水系統及節水器材，擴大愛水，惜福的觀念。

篳路藍縷 環保入社區

推動環保於社區並不是一步可及，慈濟志工們須面對種種困難與考驗，但是他們仍試著取得當地民眾的信任，首先透過自己的人情脈絡的關係支持而生成，後來再透過不同形式活動的「茶會」來拉近鄰里居民感情，藉此宣導環保，也讓更多人自動自發參與；而「夜間環保」發展於臺北都會區，以便利上班族也能參與，此方式不只帶動北區更多人參與，也讓全台各地起而效之。

彰化員林最早的慈濟環保志工施淑吟，從自家門口做起，最早帶著四個會員「傻傻地做」，回收量堆積如山加上沒有人手，沒經驗的她一度累倒而進醫院打點滴；後來法師的開示「**做環保要走入社區，車子跟人都在社區裡面**」點醒了她，就開始借車、規劃路線，從慈濟人家裡設環保點，再每個點挨家挨戶去宣導，慢慢教他們分類。如今她發願要在彰化縣26個鄉鎮都設立一個環保教育站，目前已有24個環保站，日日跟著環保車到各點回收，並努力招生，並將環保理念推展出去（葉子豪，2019：26-27）。

環保走入社區，都會區與各鄉鎮間，不管是自家門口、或是鄉間廟埕、大樹下，還有都市騎樓下、高架橋下、水溝蓋上、及巷弄間，都成為化「垃圾」為「黃金」的地帶。慈濟的環保站從最初各地僅是零星回收點，逐漸發展出環保站模式。至今，它不再只是資源回收，全台各地按當地需要已發展出多元的功能，如社區長照關懷據點、泡茶談心場所、慈濟共修讀書會的地點、念佛班、素食班等，提供民眾走出家庭與社區更密切的交流，最重要的是讓人與人之間有了關懷。

除了各地社區民眾或志工自發性設立環保點外，更體認到「教育從小做起」才能紮根環保理念，因此環保站的功能也逐漸轉化成為具有環保教育功能的據點。在環保志工的努力下，慈濟第一個環保教育站——高雄八卦寮環保教育站——獲得中山大學與樹德科技大學的青睞，成了環境教育的學習場域，環保教育站的模式漸漸拓展到全台、全球。

在全台，不少機關團體及學校師生前去參訪並體驗資源回收，環保志工藉此分享如何在生活中實踐環保，建立惜福愛物的觀念。如新北市三重環保教育站，每年接待 40 多所學校、3,000 多名學生前來觀摩參訪，讓環保向下扎根。而內湖環保站成立 20 年來，國際人士的參訪場次及人數逐年增加，至 2018 年 10 月底已累積了近 350 場次及逾萬人次，其中又以新加坡、中國大陸外賓特別多，希望學習慈濟環保理念與模式（李委煌，2018：85）。

草根菩提 環保信願行

「我們做環保，是疼惜地球，也是疼惜子孫；既是愛地球，也是愛人類。」證嚴法師輕輕一句話，環保志工重重聽在耳裡，且付諸行動，證嚴法師特別疼惜這群「大地保母」，也以「草根菩提」來稱呼他們。海內外的環保志工，成員非常多元，大家不分年齡、階層、背景，人人低頭彎腰、無私付出。志工中有許多大企業負責人、主管，脫下西裝，以身示範，在垃圾堆中做分類；無數的高齡長者，不落人後，一輛手推車，不畏寒暑，穿梭於大街小巷，回收可用資源送到環保站。

宜蘭礁溪的張林焦從 80 多歲開始投入環保，一直做到 103 歲往生。一、二十年間，她在當地帶領出數百位環保志工，繼續她的遺志和願力（潘煊，2016：198）。住在中國大陸最北端的黑龍江哈爾濱市 83 歲的王金華，於冰天雪地中尋找可回收資源，家人看到老人家在隆冬時節，零下十幾度的低溫要出門，總是勸阻，但撿拾回收物的意志非常堅定的她說：「我們沒有了地球，還能有人嗎？上人一天都不閒著，能做一天就做一天，這都是寶啊！」（摘自慈濟全球資訊網）。

住在高雄的陳哲霖，退休後因收看大愛電視台節目，開始投入八卦寮環保教育站。為了讓聽眾便於記憶，他自創「環保十指口訣」（瓶瓶罐罐紙電一三五七），教大家如何分類：瓶（塑膠瓶）、瓶（玻璃瓶）、罐（鋁罐）、罐（鐵罐）、紙（紙類）、電（電池）、一（衣服）、三（3c 產品）、五（五金）、七（其他）。這個口訣，立刻風靡全台各個慈濟環保站。此後陳哲霖四處演講宣導環保，甚至受邀到馬來西亞、印尼等國家分享。

2012年5月，陳哲霖在四川圓滿了第1,000場講座後，把講師費全捐出來給大愛電視台，因為大愛開啟他的環保教育生涯（潘煊，2016：198-199）。

清淨在源頭 培育環保師資

證嚴法師於2010年環保感恩之旅時，期許人人「彎腰做環保、挺胸說環保」，同時鑑於人們大量使用寶特瓶、塑膠袋、保麗龍等物質，導致汙染量增加、生態環境破壞加劇，再次提倡「清淨在源頭」的觀念，期望此理念推入家庭，從生活中做起，降低物欲、回歸簡樸生活，徹底達到回收品質的提升。回收「精質化」讓環保更上一層樓，讓環保清淨在源頭，生活零廢棄，有資源而無垃圾，才能讓地球有限的資源，循環再生新生命（潘煊，2016：371）。

如今環保意識抬頭，環保站兼具教育功能隨著社會需求愈來愈顯得重要，慈濟志工的環保知識與環保人文素養的提升相對重要，因而推動環保教育需要人員培育，慈濟從2011年開始，對環保講師的培育也著力進行，透過課程研習，培育社區環境教育之種子，進而建構完整環境教育師資團隊，並做為全球慈濟志工推動環境人文素養、環保實務與環境教育的後盾。

2011年九月，基於「環保推向世界化、國際化」的理念，慈濟宗教處環保組結合教育團隊，第一期在「花蓮靜思堂」舉行「環境教育師資培訓研習」課程，針對全台資深環保志工，設計靜態理論與動態實務。至2019年，在台灣及大陸蘇州園區，慈濟舉行初階師資培育課程共13期，參加人數1,215人；而2014年至2017年的進階課程有四期，參加人數105人。環保志工受惠良多，除了增長知識，也使他們對推動環保教育更有力。

環保教育 有願就有力

第七期學員邱淑姿老師，國小老師的她，六年前被檢查出胃部有惡性腫瘤，與死神博鬥，最後撿回一條命，決定提早退休。因緣下參加2013年慈濟基金會宗教處在台中第七期的「慈濟環境教育師資培育研習營」。圓緣時，受到環保達人陳哲霖已完成1,124場宣導激勵的邱淑姿，在眾人前發願要進入校園推廣環保1,000場。

之後，每一場環保宣導對邱淑姿都是一大考驗，必須克服身體的種種狀況，但是她把握每一個宣導機會，只要有需要，即使一個人也不嫌少。無畏病痛的她：「千場的願是給自己一個方向，但最終目標是不斷的推廣環保，不只是救自己、更是救人類、愛地球。」2017年12月11日，邱淑姿老師終於圓滿四年前宣導環保1,000場的願，「1,000場不難，只是時間的累積，但是生命的長度無法算計，感恩老天爺的厚愛，讓我完成了。」至2020年5月4日，邱淑姿老師已完成2,020場分享。

在環保志工的積極投入下，統計2013至2020年，參訪慈濟環保站及環保宣導人數超過108萬人，各年度相關數據如下表所示。

年度	個人環保宣導		環保站參訪	
	場次	人數	團數	人數
2013	401	32,201	1,973	85,594
2014	594	60,907	1.284	65,176
2015	648	47,784	863	46,230
2016	1,511	119,615	1,469	57,958
2017	2,107	115,100	1,347	69,473
2018	1,861	111,733	996	48,710
2019	1,416	83,602	1,191	61,702
2020	708	32,951	484	51,258
合計	9,246	603,893	9,607	486,101

慈悲科技 環保再生

慈濟環保於2008年，一群「國際慈濟人道援助會」的實業家志工，共同出資成立「大愛感恩科技公司」，善用紡織本業專長，以PET寶特瓶再製成化纖原料的技術，研發生產數以萬計毛毯，應用科技「續物命、造福慧」投入慈濟國際賑災的慈悲展現，讓寶特瓶得以發揮更高的回收價值。用寶特瓶做的環保毛毯，堪稱「慈悲科技」的代表作，環保志工「清淨在源頭」，嚴格把關回收過程，再加上「人援會」志工的專業，將寶特瓶洗淨切片、熔融製成酯粒、抽製成纖維「大愛紗」，才能製造出高品質的紡織品。直到今日，一連串的「慈悲科技」的產品研發，從穿刺鞋墊、手套、太陽眼鏡甚至太陽能帽，都成了投入賑災志工們的防災寶物。

賑災毛毯自2006年至今，數以百萬計的環保毛毯隨著慈濟人關懷苦難的足跡，環繞全球，為遭逢急難的受災者提供及時的溫暖，在台灣、美國、菲律賓、澳洲、日本、中國大陸、海地等國家（潘煊，2016：392）。

1996年賀伯颱風暴露了台灣砍伐森林與水土保持問題，以及人們對社區環境的漠視。針對這個現象，證嚴法師提醒大眾：

人們正在挪用子孫的資源財產，假如我們多做資源回收、惜福愛物、延長物質的使用生命，就可減少消耗資源，垃圾也可減量，這是急需落實的工作……環保不單是資源回收，真正的環保是愛山愛海，愛惜一切萬物。（證嚴上人，1997：6）

到今天全球暖化問題依舊是當今的課題，慈濟環保已日不落，在世界各地運行著，然而證嚴法師「疼惜大地、疼惜地球，就是疼惜自己」的呼籲聲仍不斷，全球環保志工仍堅守著對法師的承諾，30 年來沒有改變，繼續為環保、為地球努力著。

發展現況

三十年後的今日，慈濟環保志工廣布於台灣各地，人數已逾 9 萬人，設立了 6,889 個環保點與 268 個環保教育站。全球範圍內則在 18 個國家地區總計有 11 萬多位環保志工，設立了 8,238 個環保點與 534 個環保教育站。海內外慈濟環保志工的相關數據參見以下二圖。

慈濟的環保行動更從臺灣延伸至國際。目前全球 19 個國家地區的慈濟人，在居住地身體力行，響應環保。

長期努力的成果受到聯合國肯定，2005年「世界環保日」，慈濟美國總會應邀參與活動，於開幕典禮中致詞，並在「綠都市展覽」會中設攤，向與會的世界各國分享慈濟環保理念。致使許多國際貴賓及環保專家，慕名而前來環保站參訪學習，也因此認識台灣。華爾街日報於2016年報導：「台灣曾被稱為垃圾之島，如今卻成為資源回收的國際典範」（李委煌，2018：85）。

◆2020年慈濟全球環保志工人數暨環保站／點數

亞洲（11）			
國家地區	環保站	社區環保點	環保志工人數
臺灣	268	6,889	90,626
中國大陸	72	327	6,000
馬來西亞	148	865	9,596
印尼	23	—	600
菲律賓	4	16	170
香港	3	20	233
泰國	—	3	63
新加坡	1	39	1,100
汶萊	1	—	12
斯里蘭卡	—	2	105
越南	—	5	50
合計	520	8,166	108,555

美洲（4）			
國家地區	環保站	社區環保點	環保志工人數
美國	10	8	137
瓜地馬拉	—	1	3
加拿大	—	7	542
智利	1	3	20
合計	11	19	702

大洋洲（2）			
國家地區	環保站	社區環保點	環保志工人數
澳洲	1	3	162
紐西蘭	1	—	35
合計	2	3	197

非洲（1）			
國家地區	環保站	社區環保點	環保志工人數
南非	1	50	650
合計	1	50	650

◆ 2020 年臺灣慈濟環保志工合計 90,626 人。

北部	總人數
臺北 新北 基隆 金門	37,692
澎湖	199
桃園	5,593
新竹	4,861

中部	總人數
苗栗	594
臺中	8,016
南投	1,589
彰化	4,146

東部	總人數
宜蘭	2,737
花蓮	536
臺東	498

南部	總人數
雲林	963
嘉義	2,290
臺南	5,766
高雄	11,381
屏東	3,765

新加坡亦然，至今環保發展已成主流。環保志工將40個環保點經營得有聲有色，不僅受到政府官員肯定，新加坡慈濟分會更與環保局合作，推廣環保教育，同時頻繁走入企業、學校與醫院，為慈濟環保在新加坡立下新的里程碑。

慈濟在四川的環保教育更是與日俱進，不遺餘力。其中「什邡大愛感恩科技」有限公司集人文、環保、教育、回收、處理、再生及深加工的綜合環保科技教育園區。這是慈濟基金會在2008年的「512汶川大地震」後推成立的環保慈善公司，以結合慈善理念，疼惜物命、節能減排、保護地球為宗旨，並接軌國際資源回收利用技術，和慈濟多年從事環保促進的經驗，全面展開環保教育和環保志業的推廣。

這個園區的「環保教育人文中心」致力於推廣環保教育，除了在外舉辦講座，在公司也通過境教、導覽、分享、互動、實踐等方式接待參訪團體，進行環保教育。透過環保人文教育的推廣，向民眾傳遞環保理念，帶動更多民眾共同愛護地球資源。因而於2013年獲得「四川省中小學環境教育社會實踐基地」認證，也於2014年獲得「國家環保科普基地」認證，以及「環保十指口訣」獲得第五屆「環保科普創新獎」，2015年獲得「全國中小學環境教育社會實踐基地」。此外，2019年榮獲「國家生態環境科普基地」稱號。

在「什邡大愛感恩科技」公司之後，另在成都成立「大愛感恩環保科技」公司，除回收塑膠瓶再生開發之外，並生產各種環保產品，且致力將園區打造成為一個集「環保產業」、「環保教育」和「環保博覽」為一體的多功能環保科技園區，亦於2019年獲得「成都市科普基地」之認證。

在江蘇，昆山志工於2006年開始積極推動環保，身體力行彎腰做環保，同時挺腰說環保。2010年昆山慈濟環保教育站正式啟用後，致力環保理念的倡導、資源分類的體驗、素食體驗和教學、智慧學堂、健康故事屋等多功能運作，於2013年獲得昆山市教育局和昆山市環保局聯合授牌「昆山市環境教育基地」。

此外，由無錫環境保護基金會與慈濟慈善事業基金會合作建立的「無錫慈濟環保教育基地」，座落於太湖與內湖蠡湖交接的長廣溪國家濕地公園內，2015年6月5日在政府的積極支持下正式啟動。借鑒臺灣的環保經驗，以及慈濟環保志業為地球環境無私付出的理念，積極開展節能減排環保教育、環保技術展示和生活體驗、志工培訓與舉辦環保慈善等相關公益活動。

這一切成果，環保志工功不可沒，無論在哪個時間、空間，都能看到他們努力分類資源的身影，如今遍及 19 個國家地區的環保點已超過一萬個，環保教育站 532 個，投入的環保志工多達近 11 萬 2 千多人，他們不分年齡、階層、背景，低頭彎腰進行垃圾分類，為愛護地球環境而付出，形成淨化人間的豐沛草根力量。

2018 年，那一年「洋垃圾」來襲，導致回收物價格暴跌，廢塑膠、廢紙堆難以消化，也突顯台灣回收體系存在已久的問題，分類不完全，再生有困難，甚至讓資源變垃圾。然而慈濟環保志工依然堅守「清淨在源頭」、搶救資源，發揮物命（慈濟月刊編輯部，2019）。

「環保」已成為全民運動，然而慈濟環保不再只是做資源回收、淨化大地而已，它已邁向新的里程碑，朝向心靈淨化邁進。2005 年 6 月 3 日上人在靜思精舍志工早會時開示，進一步呼籲慈濟人推動「環保五化」，即環保年輕化、環保生活化、環保知識化、環保家庭化、環保心靈化。之後，隨著環保風氣逐漸普及，2010 年再度提出「精緻化、健康化」，成為「環保七化」。

環保年輕化

環保已不再是老年人的專利，年輕人有體力，更有責任要疼惜地球。證嚴上人於2002.12.29全球慈青日，勉勵慈青要當慈濟的種子，不只是做自己一粒種子，還要自己當農夫，好好的把種子再散播給別人，好好的用心去耕耘。

慈青同學在全台許多大學中積極推動校內環保，包括淨校、淨山、淨灘、校內資源回收，並參與社區資源回收及掃街。如政治大學的慈青們就帶動不少同學自動到鄰近的木柵環保站幫忙（釋證嚴，2006：184）。

環保生活化

現代人生活緊湊，處處講求便利與快速，外食便成了三餐最佳的選項。台灣的外食市場人口逐年攀升，每年高達4,000億的外食產值，主要客層為30歲以下的年輕族群，卻也締造了全台一年高達180億個塑膠袋、60億個紙餐具、50億雙免洗筷的驚人數字。因而「無痕減塑」勢在必行，在生活中具體落實隨身攜帶環保餐具——環保杯、碗、筷，在外出用餐時，盡量不製造額外的包裝與塑膠垃圾，從飲食為出發點，替地球垃圾減量，人人身體力行，許多慈濟人起而效行，更有人奉行

「出門不帶生活三寶，一日不食」。

大多數慈濟人都會在生活中實踐環保精神，例如家住新北市的實業家王萬助和臺北信義區的蕭林銀。有感於現代社會的過度浪費，更領悟到「惜福愛物」對社會個人的益處，他們都在食、衣、住、行、育、樂各方面力行「節能減碳」，例如保麗龍箱種植蔬果，也用蔬果剩餘的根莖菜籽做種，把果皮菜渣做有機肥；三餐飯後碗盤用開水將油汁刷洗過，清洗時就不用洗碗精，也避免化學物質殘留身體；以腳踏車代步或步行，也練就出好體力、好腿力。生活中隨手一個小動作，不但省錢也可為地球盡一分心力（林美宜，2010；邱蘭嵐，2010）。

環保知識化

要深入研究環保的意義與道理，讓大家了解做環保的原因與重要性。慈濟各地環保教育站成為許多學校環保教育的課外教學站，老師都會帶孩子來了解，環保志工就會深入淺出地引導孩子們，知福惜福，也懂得如何做資源回收。用具體數字說話更容易彰顯環保知識，讓大家重視資源回收，如回收 50 公斤的紙張，就能拯救一棵 20 年生的大樹，回收一個鋁罐所節省的電力，可以看三小時電視。

慈濟自 2011 年起，每年有計畫地在海內外培訓環保講師，便是致力於環保理念的推廣與宣導。各環保教育站不僅可以實做，還有導覽團隊協助解說，以及志工發揮巧思設計體驗區與情境教育，讓理論變得平易近人，數字不再枯燥乏味。

環保家庭化

不僅在學校推動，也要帶入家庭，還不忘深入社區家家戶戶宣導，因為做環保不只是自己的事，應該更為普及，讓家人、鄰里都有環保意識，珍惜現有資源，進一步將「資源變黃金，黃金變愛心，愛心化清流，清流繞全球」，大家付出心力照顧地球，是為社區做好環境整潔，為社會淨化大地，為子孫留一個乾淨的地球（釋證嚴，2010：274）。

環保心靈化

證嚴法師於 2004 年 9 月 3 日對眾開示說，大自然的「溫室效應」會引發天災，人與人之間的怒氣也會造成惡業的氣流，引發災厄。如何推開這股惡業的氣流？唯有仰賴人的「心室效應」，匯聚善的心念，互助、互愛、感恩及尊重。

一念善就是一分清流，把握住每一個剎那間升起的好念，人心淨化得愈好，「心室效應」就能沖淡「溫室效應」，讓天下平安無災，人人安居樂業。慈濟環保志工經由環保回收，從中體會人生的意義，也在不斷無私付出中，得到心靈的蛻變與淨化，進而提昇自我的生命價值（何縕琪等，2012）。

環保精緻化

零回收、零廚餘、零垃圾，才是真環保。2010年，證嚴上人對分類回收提出「環保精質化、清淨在源頭」的進階呼籲，認為廢棄物在被丟棄時，若先行清理，並有較精確的分類，以提升回收的再製品質。環保志工落實「精質化」的回收，讓分類的品質更精細。以寶特瓶為例，落實精質回收，能讓再製而成的「大愛紗」品質更提升，製成的毛毯提供國際賑災及慈善救助用，溫暖受助者的身與心。

在廚餘回收方面，因此列入回收行列，台中新田環保站林淑嬌體認到現代社會回收廚餘，應該有更高一層「愛護生靈」的理想，她說：「吃多少煮多少，營養健康最重要，千萬不要浪費食物，製造大量廚餘，這才是環保」（賴怡伶，2010：31-35）。

環保健康化

清淨大地也在清淨自我。有些慈濟志工積極做環保，無形中化解了一些煩惱與小病痛，有人因而戒除多年的菸酒、檳榔等習性，或是用打麻將的雙手做環保，或從憂鬱中走出來。做環保，清淨大地的同時，也讓身心靈「健康化」。

台灣2003年爆發SARS，證嚴法師推動「心素食儀」運動，期望將人類生活基本需求的飲食，提升至心靈精神層次，注重身心靈健康，尊重生命和大自然共生共榮。面對全球暖化對人類健康的嚴重威脅，包括災變的醫療援助、水和空氣污染、糧荒與營養問題、傳染病肆虐等，「節能減碳」不只救地球，也救自己。其中相當重要的方法就是素食。

慈濟以推動「素食」新主張的體內環保，來落實「愛惜地球、尊重生命」的理念，2011年「蔬食八分飽，二分助人好」的理念也在慈濟志工和校園中廣為宣導。證嚴法師說：「愈多人選擇素食，有助於清淨大地、清淨水源，使氣候回復自然，也是對生命的一種尊重」（蕭名芸，2004）。

素食可減少碳排放量已有相關科學研究加以支持，

而根據環保署統計，全球生產的食物有三分之一浪費倒掉，台灣一年廚餘超過59萬公噸，若用廚餘桶堆疊起來，大約13,500座台北101的高度（華視新聞網，2019/11/26）。聯合國的資料指出2018年全球超過8.2億的人口活在飢餓中，因而吃八分飽就是養生，少吃一點，避免外食浪費，多餘的糧食可以幫助更需要的人。

造成氣候異常的主要原因之一就是溫室氣體中的二氧化碳。假如一人一天三餐都蔬食，每日即可減低至少2公斤的二氧化碳排放量。每一個人能聚集自己的一點力量，必定能夠改變這個世界。全球慈濟人無不卯足全力推行，例如：美國西雅圖華盛頓大學慈青社學生於2020年1月11日舉辦一場蔬食環保宣導活動，11家餐廳受邀響應，慈青同學一念單純心，源自2019年聽到證嚴上人之慈示「感恩尊重生命愛、和敬無諍聚福緣」，因而下定決心成就此事。

而今，新冠肺炎來勢洶洶影響全球，證嚴上人面對這波疫情，更是語重心長的提醒全球慈濟人要有「驚世災難、警世覺悟」，更是推廣「心靈防疫」，而防疫弭災的良方唯有齋戒茹素，預防病從口入，以減少殺生來表達內心的虔誠。

總之，慈濟推行的環保理念與行動，除了「垃圾分類」及「資源回收」等減少垃圾汙染與「環保精質化 清淨在源頭」提高資源再利用的環保行動外，近幾年更透過「環保七化」、「一日五善、力行減碳」、「蔬食救地球」、「愛地球很簡單135」等生活化的環保行動，期許人人做好心靈環保，留給後世子孫一個乾淨的地球。

當慈濟志工積極投入保護環境的神聖工作時，志工的身心健康也需要照顧，特別是相當比例的高齡環保志工，更應給予特別關懷。因此，慈濟基金會宗教處環保組從2019年3月，開始鼓勵環保志工養成量血壓的習慣，並將血壓資料上傳到資料庫，透過系統分析，可瞭解每位志工的血壓情況。此外，2020年宗教處提出環保志工健康促進專案，聚焦於「疾病管理」、「預防保健」、「均衡飲食」、「規律運動」等四個項目，期待環保志工透過課程學習照顧自己的能力。2020年的統計顯示本專案成果，包括：1. 血壓量測82站，7,808人，累計血壓量測逾20萬筆；2. 人醫會關懷19個環保站；3. 營養教育21站（場），654人；4. 餐飲輔導9站（場）。整體累計106場，關懷環保志工1,529人次，對環保志工的健康具有預防保健的效應。

環保效益

為了遏止溫室效應造成氣候變遷，聯合國《氣候變化框架公約》參加國於1997年制定《京都議定書》，目標是將大氣中的溫室氣體含量穩定在適當的水準，以保證生態系統、食物生產和經濟的可持續發展。2015年12月12日，聯合國195個會員國在「2015年聯合國氣候峰會」中通過《巴黎協議》，目標要減少溫室氣體排放，努力將氣溫升幅限制在工業化前水準以上1.5℃之內，讓地球暖化速度在2100年時，全球氣溫不會上升超2度，阻止全球暖化加劇。

台灣人口密度高，土地狹小，總排碳量高達268.9百萬公噸，人均年排碳量11.38公噸，在全球排名高居第21名。根據聯合國氣候大會（COP25）2019年12月10日在西班牙馬德里發布的「2020年氣候變遷績效指標」（Climate Change Performance Index，CCPI 2020），從61個國家地區溫室氣體排放量的下降程度而言，台灣排名倒數第三，減排成績非常不理想（鄒敏惠編譯、陳文姿報導，2019）。

聯合國制定的二個議定書和上述數據，凸顯減少碳排放是阻止氣候急遽變遷的重要行動。從這個角度而言，從1990年就開始啟動的慈濟環保志業具有極為重要的意義。僅以減碳為例，慈濟從1992年至2020年累計減碳超過295多萬噸，相當於7,603多座大安森林公園二氧化碳的吸附量。

環保再生 資源永續

慈濟的環保行動能迅速推展開來，有賴環保志工如螞蟻雄兵般的動員，從環保站的具體實踐，到慈濟人個人的實踐，如節能減碳、素食、隨身攜帶環保碗杯筷，顯示慈濟環境保護的發展並非一成不變，而是隨著環境的改變而與時俱進。證嚴法師於2010年「環保精質化，清淨在源頭」的呼籲，將慈濟環保推向一個新的里程——回收物要精，質也要提升。

證嚴法師期勉慈濟人回收精質化，才能讓地球有限的資源，循環再生新生命。回收不是收「垃圾」，而是回收「資源」再利用，環保不只是末端步驟，更重要的是回歸「清淨源頭」，讓生活零廢棄，有資源而無垃圾」（潘煊，2016：367）。

根據統計，2020年慈濟在臺灣回收的各類資源總重量如下表所示，這些數據顯示慈濟的環保工作對環境保護具有顯著的貢獻。更重要的是慈濟的5R環保理念在環保的基本元素 3R，即資源回收（recycle）、再利用（reuse）、垃圾減量（reduce）之外，另外加上二個 R 而成為 5R：拒絕使用不環保的物質（refuse）和修理再利用（repair）。前者的例子如使用環保材質、綠建築、乾淨能源、減少碳足跡等，後者如回收寶特瓶製成毯子、衣物等。所帶動的風潮，以及對政府政策的影響，特別是垃圾分類、資源回收、自備環保餐具、環保杯、儘量不使用一次性的器具等，在臺灣已形成普遍的共識，甚至成為許多民眾的行為模式。

2020 年慈濟臺灣各類資源回收總重量			
回收總重（kg）	寶特瓶（kg）	紙類（kg）	挽救大樹（棵）
89,514,094	4,311,275	44,343,870	886,877
鐵類（kg）	鋁類（kg）	廢五金（kg）	舊衣物（kg）
8,721,888	1,038,399	1,043,797	3,309,959
玻璃（kg）	銅類（kg）	鋁箔包（kg）	白鐵（kg）
10,973,417	380,741	3,061,530	371,732
塑膠（kg）	塑膠袋（kg）	電池（kg）	其他（kg）
7,660,919	3,619,713	189,545	487,309

（一）紙類回收

目前全球每年所砍伐的樹木中，有20%用於紙張製造，每造一公噸的紙張（大約可製造5,000份報紙），就須使用3.5公噸的樹木，等於砍伐17棵樹徑16公分和高8公尺的原生樹木，每棵原生樹木要生長平均需要20至40年。用舊紙回收再製作的產品，比由原木漿製造的新紙品，可節省75%的能源，50%製紙用水，同時也能減少75～95%的空氣汙染，35%水汙染回收（王進崇、蔡宗賢（編），2009）。

2020年，慈濟紙類回收近4,500萬公斤，環保志工從源頭落實回收清潔，如紙餐盒、紙容器，因沒有留飯菜殘渣或湯汁，因而少了腐敗酸臭的異味，回收品質也較高。環保站也主動與回收商討論，如何透過處理程序，以提升資源回收的應用效能，例如內湖環保教育站，環保志工們不厭其煩地將紙類細分許多種類，如白紙、廣告紙、報紙、面紙盒或書本封面和內頁，不同種類需要經過不同的處理方式，方能成為再生紙。回收再生紙品可為地球減少排放5.29公斤的二氧化碳。

慈濟自1995年至2020年，紙類回收總重量超過148萬噸，相當於挽救近2,968萬20年生的大樹，對全球減碳具有指標性的意義。在臺灣地區，慈濟自 1992 至 2020 年，環保回收的碳效益累計 295 萬 7,383 公噸，相當於 7,603 座大安森林公園一年的固碳量(引自慈濟年鑑 2020，頁 631)。

（二）塑料回收

2020 年慈濟塑料回收超過 766 多萬公斤，另寶特瓶回收超過 431 多萬公斤，環保站對於塑料（寶特瓶、塑膠袋、塑膠類）回收，面對五花八門的塑料，志工仔細分類非常辛苦，最怕廠商不收，最不希望回收物變成垃圾，被送去燃燒或掩埋，對台灣環境造成破壞。如何減少塑膠的用量，避免塑膠廢棄物不當棄置，加強回收再利用，是當前重要的環保課題。

以寶特瓶為例，製作一公斤的寶特瓶需要消耗 0.8 公斤的原油來計算，台灣一年 46 億支寶特瓶的回收量，等同 1,360 多萬公斤的重量；也就是說，這些寶特瓶消耗了地球上將近 1,100 萬公升的石油。這個數字還不包括製作過程中需要耗用的大量用水與用電，因而每回收一個 600cc 寶特瓶，可減少石油 16.2cc，可減少二氧化碳 63.4 克，可節省水 2694.8cc。關於慈濟近年來回收寶特瓶的減碳效益，詳見第❷章。

慈濟環保的強項之一，就是寶特瓶製成的「環保毛毯」。早期慈濟環保站回收的寶特瓶，都是直接賣給回收業者用來製作填充物、不織布等用品。直到2008年「大愛感恩科技公司」，以PET寶特瓶再製成化纖原料的技術，研發生產成環保毛毯，投入慈濟國際賑災，讓無數的寶特瓶得以發揮更高的回收價值。

另外，與人類日常生活息息相關的塑膠袋，除了焚燒後會產生致命毒物外，埋在地下也會千年不化，對地球環境及人類健康都是沈重的負擔。台灣一年就要用掉180億個塑膠袋，平均每人每一天就使用2.14個塑膠袋，堪稱「塑膠袋王國」。政府於2018年公佈限塑政策，希望至2030年塑膠袋和塑膠餐具在台灣絕跡。然而塑膠污染對海洋生物所造成的威脅已攤在眼前，據荒野保護協會公布資料顯示，2019年ICC淨灘行動數據，海洋廢棄物近70%是寶特瓶、吸管、飲料杯等塑膠製品，限塑政策成效有限，政府需嚴格管制，民眾也應從日常生活減塑。最好的辦法還是養成隨身攜帶環保袋、環保碗、杯、筷，不使用塑膠免洗餐具的生活習慣。

塑膠袋對環境汙染影響極大。對回收塑膠袋有經驗豐富的慈濟志工陳清雲坦言，塑膠袋有些材質的外觀、特性和可回收的PP、PE很像，卻不可回收再製，因此與其花費心思分辨材質，歸類整理，倒不如從源頭做起，儘量少用、不用、最後回收再製，避免產生廢棄物，才是最好的選擇。

（三）玻璃回收

資源再多，終有告罄的時候，根據統計，使用回收的二次料比用原料來製造玻璃，在整個製程中，更能節省38%的能源，減少50%的空氣污染、20%的水污染，和90%的廢棄物。玻璃的原料是矽砂，具有百分之百可回收再生的特性。可再製成玻璃珠或是琉璃、連鎖磚、透水磚、玻璃瀝青等再生品。回收一支玻璃瓶，可點亮100燭光燈泡4小時，可節省能源25～32%製造玻璃的能源。

2020年慈濟回收玻璃總計超過1,100多萬，在早期也是很多人反對，因為工作粗重又危險，然而證嚴法師說：「無錢嘛愛做！」慈濟志工陳清雲就把這句話聽進去，從吃重的玻璃回收，到不費力但很費工的塑膠袋回收，他和其他志工一樣，一心只想為大地爭取多一分生機，讓自己多發揮一分利益眾生的良能。

（四）廢金屬回收

2020年慈濟回收廢金屬超過1,000多萬公斤，一般常見的廢金屬類包括鐵鋁罐等容器、鍋子、鐵鋁門窗，還有些需經過志工細心拆解的廢電纜、馬達、一些電器用品等等。而用回收鋁再製鋁，比用鋁礬土製造鋁，減少約90～95%的能源，回收一個鋁罐可節省3小時電視的電力，又可減少汙染。回收的鐵鋁罐等金屬垃圾，可再製成水壺、鍋子、鋼杯、鋁門窗框架等（王進崇、蔡宗賢（編），2009）。

（五）廢電池回收

乾電池廣泛應用在我們的生活中，舉凡遙控器、鬧鐘、手電筒等等，然而乾電池體積小且含有重金屬，若沒有回收好將會對環境產生破壞性的影響。一顆鈕扣大小的電池將可使600噸水無法使用（一個人一生的飲水量）；一顆鈕扣大小的電池將可使一平方公尺的土壤永遠無法使用。廢乾電池及廢鉛蓄電池經再生處理後，可回收再生鉛原料、鋅、錳、鎳、鈷、鐵等金屬及廢塑膠料，分類後回收再利用。

節能減碳 具體實踐

伴隨著地球暖化、氣候變遷，人們對於節能減碳的環保意識日漸抬頭，環保運動已成為了地球公民的共同責任！2008 年慈濟推動「克己復禮．減碳節能心生活」運動，響應 422 世界地球日，特發起「疼惜大地，力行減碳 333」運動，希望人人從飲食方面力行「不肉食、吃低碳里程食物、不浪費」；在節能方面力行「多騎單車、省水省電、惜紙」；在儉樸生活方面「不追求流行、延續物品、不使用一次性物品」。九種減碳節能的生活方式，藉由生活態度的改變，進而善盡一份身為地球公民的責任。各地慈濟人透過掃街、淨山、淨攤、騎單車、健行等活動響應，計有上萬人共襄盛舉，願意力行為下一代留下一個乾淨的地球。

由於外食族人口逐年增加，常使用免洗筷，「一次性消費」造成環境污染，慈濟持續推動環保筷用餐運動，更要求醫療體系員工身體力行。以台中慈濟醫院為例，每天員工用餐使用環保筷，一個月下來就能減少 12,000 多雙竹筷、6,000 個塑膠套。

曾榮獲行政院環保署「節能減碳行動標章」特優獎殊榮的大林慈濟醫院，推動環保節能有成，醫院從啟業時就開始實行節能減碳的政策，除了在院內栽種千棵以上的灌、喬木，也鼓勵員工使用個人餐具，給新進員工一套環保餐具，每月能減少 2,600 公斤的廢棄物。另外也使用中水回收系統，將回收水應用在灌溉與馬桶沖水使用，每年省下近 80 萬的開銷。

大林慈濟醫院總務室主任侯俊言指出，要達到減量，就要從源頭去找出問題。除了針對醫療廢棄物進行監控，從中找出製造量最多的單位進行檢討，也利用品管圈的方式，由員工集思廣益去釐清問題，找出減量的方法。另外，在水電的減量使用上，設置了熱泵系統與廢熱回收，並裝設太陽能發電與使用節能環保燈具。他說，環保燈具都是利用故障與損壞時替換，以免本末倒置，浪費了更多資源。

地球資源有限，如何有效利用？是我們必須好好的思考及面對的問題；環保是天下大事，善待地球，讓地球永續經營，是你我的責任。慈濟人的環保之道，不僅傳承台灣社會惜福愛物的傳統美德，更呼應當代節能減碳的潮流。歷年來，證嚴法師一再提醒：人類依靠地球生活，應該節用地球資源。

結語

進入新世紀後，全球的極端氣候反映自然環境的惡化，其中最關鍵的因素是二氧化碳排放量的快速增加，導致地球開始反撲，造成人類的浩劫。種種天災與人禍，都是大地對人類的反撲，是大自然對人類的震撼課。驚世的災難要有警世的覺悟，人類應該好好覺醒，對大地、對自然多一點愛，多一分尊重，以謙卑柔軟的心疼惜地球，只有「敬天愛地順自然」，才能遠避災難。

從1990年開始啟動的慈濟環保運動，源於佛教「慈悲喜捨」四無量心，展現對大地萬物的尊重與珍惜。慈濟環保首重行動實踐，全球環保志工一步一腳印，用鼓掌的雙手將垃圾分類，進行資源回收，並匯聚眾人力量，透過身體力行，以感恩、尊重、愛的初發心，展現尊重生命的慈悲心，帶給環境永續的希望。

引用文獻

王進崇、蔡宗賢（編）（2009）。**資源回收再生品（料）使用推廣手冊**。臺中：臺中市環境保護局。

何日生（總編輯）（2020）。**慈濟年鑑2019**。新城（花蓮）：慈濟慈善事業基金會。
何日生（總編輯）（2021）。**慈濟年鑑2020**。新城（花蓮）：慈濟慈善事業基金會。
何縕琪、許木柱、葉又華、盧弘慧（2012）。慈濟環保志工與正向心理發展。載於許木柱、何日生（編），**環境與宗教的對話**（頁319-374）。臺北：經典雜誌。
林美宜（2010）。董事長的富足人生——王萬助品出儉樸幸福味。**慈濟月刊，524**。
李委煌（2018）。做環保 不爭利 爭地球千秋萬世。**慈濟月刊，625**。
邱蘭嵐（2010）。都會阿嬤的「開心農場」——蕭林銀細嚼菜根香。**慈濟月刊，524**。
黃沈瑛芳（2010）。融合外援之愛 走出環保大道。**慈濟月刊，527**。
陳怡伶、張晶玫（2011）。重建之路 從熱食站到環保站。**慈濟月刊，533**。
葉子豪（2019）。彎腰做環保，抬頭說環保 從社區到海外。**慈濟月刊，632**。
鄒敏惠（編譯）、陳文姿（報導）（2019）。2020氣候變遷績效報告。2019.12.10刊載於**環境資訊中心網站**。
慈濟月刊編輯部（2019）。洋垃圾衝擊 別讓資源變垃圾。**慈濟月刊，632**。
潘煊（2006）。潤漬蒼生：**證嚴法師的惜水智慧**。臺北：遠流。

潘煊（2016）。**行願半世紀：證嚴法師與慈濟**。臺北：天下文化。

賴怡伶（2008）。海風變味，島嶼吹起垃圾減量意識。**慈濟月刊，497**。

賴怡伶（2010）。煮適量·吃健康·素料理 廚餘堆肥，黑金換綠意。**慈濟月刊，524**。

蕭名芸（2004）。食在好文化。**慈濟月刊，447**。

證嚴上人（1997）。一步八腳印。**慈濟月刊，364**。

釋德仉（2008）。**證嚴上人思想體系探究叢書第一輯**。臺北：慈濟人文。

釋證嚴（2006）。**與地球共生息—100 個疼惜地球的思考與行動**。臺北：天下文化。

釋證嚴（2010）。**清淨在源頭**。臺北：天下文化。

關渡環保站露天寶特瓶拆解區（2007）（攝影／楊宜勳）

寶特瓶回收再利用製作成衣服（2020）（攝影／王翠雲）

第❷章
大愛感恩科技

黃華德、李鼎銘

（大愛感恩科技董事長、總經理）

「地球是全人類共同依存的所在」，這樣的觀念已成為國際社會的共識，因此保護地球才能保障人類平安，而且不僅要有共知共識，也要有共同的行動。保護地球的一個關鍵行動是在日常生活中落實節能減碳。2015年，聯合國成立70週年，世界各國領袖簽署並發佈共同規劃的全球17項「永續發展目標」（Sustainable Development Goals，簡稱SDGs），用以取代2000年聯合國首腦會議提出的包含8項目標的「千禧年發展目標」（Millennium Development Goals）。新的永續發展目標計畫將從2016年持續進行到2030年。這份方針同時兼顧「經濟成長、社會進步與環境保護」的三大面向。

慈濟創辦人證嚴上人於半個世紀前創立慈濟克難功德會與慈濟基金會，從慈善、醫療、教育、人文四大志業，加上國際賑災、骨髓捐贈、社區志工與環環境保護，發展出慈濟的「四大志業、八大法印」。作為一個民間組織，慈濟過去30年間在世界各地的慈悲濟世，得到各地政府及國際社會的肯定。台灣時間2010年7月19日深夜11點，聯合國六大重要組織之一的「經濟社會理事會」（Economic and Social Council，縮寫ECOSOC）17位理事全票通過接受慈濟為該理事會的「非政府組織的特殊諮詢委員」（NGO in Special Consultative Status with ECOSOC），肯定慈濟在全球超過70個國家的慈善與醫療的重大貢獻，特別是在2004年底南亞海嘯、2008年5月四川地震、2010年的海地地震、智利地震等重大災難，慈濟志工都是走在最前，做到最後，以平等大愛的精神協助災後重建。

對慈濟的四大八法而言，「協助災後重建」展現出慈善和醫療志業緊密結合的成果，而從整體而言，四大八法的目標與聯合國的永續發展目標相當接近，特別是「永續發展」的基本目標，包括極為重要的環境保護項目。

在慈濟「四大八法」中，環保志業的理想與目標呼應了「永續發展目標」當中的一些目標，包含良好健康與社會福祉、高品質教育、清潔飲水和衛生設備、經濟適用的清潔能源、產業創新、永續發展的市鎮規劃、確保永續消費和生產模式、氣候行動、保育及維護海洋資源、保育及增設生態領地、促進目標實現的夥伴關係等。

慈濟環保志業邁入30年，進一步見證了「垃圾是放錯地方的資源，其實是城市礦產」的新觀念，廢棄的寶特瓶是現代城市的一種資源，慈濟「化廢為寶」，重新賦予它們新的價值。

為了積極推廣初期將廢棄寶特瓶回收再生與呵護地球的理念，同時也為護持慈濟四大志業，慈濟國際人道援助會的五組召集人，經證嚴上人慈准下，於2008年12月10日捐資正式成立大愛感恩科技股份有限公司，為國內第一家以環保為宗旨的公益社會企業平台，也賦予了大愛環保產品「友善大地，關懷世界」的人文意涵。

善緣共聚環保路

工業發達後石油除了作為能源之外，還有塑膠石化等製品，用以大量製造生活用品，快速又便利，後來社會風氣漸趨奢靡，動輒汰舊換新，用過即丟，造成垃圾量大增；這些石化製品，縱使掩埋千年也不易腐爛，已造成地球沉重的負擔。臺灣每年約耗用45億支寶特瓶，若將這些寶特瓶以燃燒方式處理，其污染將可能危害人類健康，所產生的溫室氣體更可能造成地球暖化的危機。

大愛眾生

1990年8月23日，證嚴上人應吳尊賢文教公益基金會之邀，於臺中新民商工演講。清早出門，見夜市收攤後，街上卻留下大量垃圾。演講結束，看到大家用雙手熱烈鼓掌，便說：「請大家把鼓掌的雙手，用在撿垃圾、掃街道、做資源回收，讓我們這片土地變成淨土；垃圾變黃金，黃金變愛心。」上人一句輕輕的呼籲，慈濟人自此紛紛響應環保的善舉，從社區出發，在社會各角落從事資源回收，身體力行闡揚「惜福愛物」的觀念，並帶動左鄰右舍共同愛護地球。

環保菩薩不分年齡、階層、背景，人人視街頭為修行道場，不畏髒亂、不辭辛勞，低頭彎腰，為愛護地球環境而無私付出，慈濟環保站不同於一般資源回收場，環保菩薩從資源回收工作達到環保教育的功能，更從環境的根源體會到五濁惡世之苦，進而淨化自心發揮良能。

感恩大地

證嚴上人鼓勵實業家（企業家）弟子發揮良知良能，致力研發兼顧賑災即時性與環保再生理念的物資，遂於2003年11月成立慈濟國際人道援助會。人援會是依不同行業分別為衣著、食品、住屋、行輸、資訊通訊等五組實業家（企業家）志工組織而成，透過以自身的專業與資源積極貢獻力量，平時定期研發並在有災難的時候及時配合供應災區援助工作之各種物資需求。

2006年證嚴上人首次提出：「廢棄寶特瓶是石化製品，就像尼龍等紡織原料，何不嘗試將廢棄寶特瓶回收來，研發讓回歸原料，除了可減少石油的開發外，再重製成紡織再生製品，可用於急難救助、國際賑災呢？」這番話啟發了一群實業家（企業家）組成的慈濟國際人道援助會志工，憂心千年不化的寶特瓶對地球生態的嚴重影響，因而開始將慈濟環保菩薩所回收的廢棄寶特瓶，整合紡織業上、中、下游廠商，共同發展出專業製程，將廢棄寶特瓶化身為大愛環保產品。

科技人文

「資源變黃金、黃金變愛心、愛心化清流、清流繞全球」，大愛感恩科技作為國內第一家環保社會企業，期許成為國際綠色環保品牌的典範，自成立以來以環保人文、愛心接力、完全回饋為三大核心價值（如表１），帶動社會愛與善的循環，並致力開發推廣環保再生材質的產品，於製程中嚴格落實環境保護，減少資源消耗，避免環境汙染。展望21世紀的綠色潮流，願與每一個有心投入環保，善盡社會責任的企業與團體合作，帶動更多人一起用愛和智慧守護我們的大地。

表1　大愛感恩科技核心價值

核心價值	主要內涵
環保人文	疼惜地球，呵護眾生為宗旨，以「友善大地、關懷世界」為人文與品牌價值意涵
愛心接力	整合綠色供應鏈合作夥伴，透過購買者的護持串連愛心的接力
完全回饋	大愛感恩科技每年盈餘全部藉由回饋慈濟來做國內外賑災及社會公益之用

大愛感恩品牌Logo為菩提葉，上方翻轉的葉片為「渡化」之意，讓深綠色的一方（已知環保且正在落實），去影響淺綠色的部分（知道環保但還沒行動的一方），轉變為綠色力量。透過環保站號召人人愛護地球、祥和社會、淨化人心，珍惜自己的家園，愛護所居的地球，開始身體力行做環保。

大愛感恩科技吉祥物「環保大愛狗」與「素食感恩貓」，靈感來自花蓮精舍飼養的牧羊犬大寶與波斯貓善來，詮釋「生命有限、慧命無窮」的價值，經由公益活動宣導環保知識、提倡素食及關懷病童等發揮教育良能，彰顯教育要保持純真本質，守護孩子清淨慧命的真諦。

點傳心燈愛相續

「大愛共伴有晴天，寸步鋪路護大地」，大愛感恩環保產品都是以「愛」為出發點，產品的背後代表著全球慈濟人的環保人文之愛「知福、惜福、再造福」的心。從2015年起，每年皆有研發亮點，產品開發不僅著重在各式回收再生紡織品，更積極研發回收聚酯（PET、PP）塑膠產品的開發，並致力開拓資源回收站裡其他跨領域的研發技術；在產品設計層面亦推行「廣行恆持」的理念，針對不同的對象和用途，開發不同的布種與終端產品。

寸步鋪路護大地

2015年以「回收再回收」（recycle to recycle）的概念，將廢棄的環保布邊回收作為原料，經物理法再次加熱製成環保再生產品，以「搖籃到搖籃」（cradle to cradle）的精神，賦予廢棄紡織品全新的生命，從「減碳」進而達到「零廢」的目標。2015年暑假新北市八仙樂園發生嚴重粉塵爆意外，因傷友長期復健穿著的需求，秉持 證嚴上人「人傷我痛、人苦我悲」之精神，歷經一年多與合作夥伴共同開發及人體試穿，2016 年研發出具高彈性、透氣涼感且有足夠復健療效的高彈力機能透氣肢體壓力布，並將壓力布研發的精神，延伸運用在長照、孝親等環保再生產品。

2017 年研發「智慧塑膠」，使用廢棄回收各種不同塑膠材質，研發改質技術及關鍵製程的掌控，進行塑膠射出日常生活用品，延續物命。2018 年透過循環再利用，研發使用廢棄塑膠瓶複合式材料，結合關鍵配方技術及製程條件的掌控，製造出「大愛環保塑木」。2019 年繼 R2R 系列產品更精進突破，研發出「回收回收再回收」（recycle to recycle to recycle）3R 技術，進一步將回收再製成的環保產品，第二次賦予全新生命，締造資源循環利用的新奇蹟，為業界首創。

2020 年研發回收 PP 循環系列，因現今開發中國家，許多廢棄塑膠袋流入海洋是對於地球、海洋、海洋生物以及環境有著重大的影響，大愛感恩科技將連結塑木地板的 PP 塑膠製底座，透過回收一次性使用過的 PP 廢棄塑膠袋，再製成再生酯粒並射出環保地墊，讓更多社會大眾看見環保資源再生運用的創新成果，帶動激發更多人落實環保的實踐動力。大愛感恩科技自從成立以來，從初期致力於回收寶特瓶再生的研發，至今持續朝著將環保站廢棄物「化廢為寶」的方向，進行全面性的研發與設計。

大愛感恩科技以「環保綠色典範」為最終目標，主要透過經濟、社會及環保三大面向，分別落實推動慈善產業、環保人文教育及環保製程技術掌握，將環保回收系統具體呈現，以提升環境社會倫理與責任，達到企業社會責任及永續發展。

基於「清淨在源頭，環保精質化」的理念，不同於目前一般市售紡織產品普遍採用原生酯粒製造，大愛感恩科技研發團隊為追求技術品質提升，掌握回收資源升級再製的製程技術，致力於再生機能酯粒的開發，並設置 TAF 認證檢測實驗室，透過一條龍式的製程管理，從與慈濟合作共同建置大愛環保回收系統，結合資源回收商、再生處理廠、化纖廠、織布廠到成品的上、中、下游體系，每個流程都列入評估項目並提出相關證明，對環境、健康及安全進行全面性管理，確保遵守及符合當地環境保護法規。

大愛感恩科技依據 ISO 9001 與 ISO 14001 品質與環境標準來運作採購管理程序，並導入荷蘭 Control Union/Intertek）的全球回收標準驗證（Global Recycle Standard，

GRS），針對紡織品進行品管認證及請購、採購、交期、品質等作業進行管理，建立大愛感恩科技的綠色供應鏈，提供符合客戶需求的環保再生產品，同時落實大愛精神並朝向環保典範目標邁進。

誠正信實展大愛

誠信經營是企業最基本的社會責任，也是企業最珍貴的價值。企業若能堅守誠信經營的原則，必能勇於面對及改善，贏得員工、股東、客戶及大眾的信任。為了彰顯企業最珍貴的價值與競爭優勢，並提升社會大眾對企業誠信的重視，經濟部工業局於 2011 年辦理「台灣企業誠信經營故事專輯」發表會，大愛感恩科技榮列其中。

大愛感恩科技為台灣環保公益社會企業，其因緣來自一群肩負社會責任的實業家們，結合科技的力量與環保菩薩的愛心，在綠色創新的概念下，持續精進努力不懈，發揮企業社會責任，用愛心耕耘大地為淨土、用清流洗滌煩惱為菩提，以淨化大地、淨化人心為目標。秉持慈濟「內修誠正信實，外行慈悲喜捨」理念，大愛感恩科技倡導知足、感恩、善解、包容，期待人與人之間合心、和氣、互愛、協力，力量遍布滿人間，撒播大愛種子。

大愛感恩科技不是在販售產品，而是在推廣產品背後所蘊涵的價值、溫度與感動，自2008年成立，在台灣與全球的環保創新研發佔有一席之地，更藉由各種獎項與認證審查，檢視永續經營的成效，因此每一個獎項、認證專利、註冊商標，不只是產品的肯定與查證，更是一種典範，展現推動環境教育的用心，堅持環保科技的初發心，以及承擔社會責任的自我期許。

大愛感恩科技也努力打破紡織業界各自為政的藩籬，自成立以來除積極整合紡織業上、中、下游業者來開發環保織品，更爭取機會與經濟部、紡拓會、紡織所、工研院、塑膠中心等單位合作，希望藉由各界專業的助力提升產品品質，拓展品牌行銷通路，讓消費者喜愛大愛感恩科技產品，產生信賴度，同時也讓業界見證大愛感恩的內涵，強化供應鏈的永續發展，提升大愛感恩科技在環保製程上的技術，以成功持續來串連更多的協力廠商。除此之外，為提升環保產業與推廣永續綠色品牌，以及環保產品創新科技研發的發展，積極爭取政府資源積蓄研發技術與能量，歷年通過許多產、官、學、研輔導案。

環保科技綠生活

大愛感恩科技透過研發、設計、生產，將回收廢棄寶特瓶再製成具有生命力的環保再生產品，從環保菩薩資源回收到綠色供應鏈合作夥伴，發揮專業良能的愛心接力，至最終完全回饋社會，善盡企業社會責任，延續與地球共生息的理念，期待大眾都是環保種子，更多人共知、共識、共行，一同「續物命、造福慧」。

廣行環保護大地

大愛感恩每件產品的環保再生材質含量在50%至100%之間，所佔比例跨業界之冠，展現環保的堅持與貢獻。同時持續努力實現讓大愛感恩100%環保「心」品成為每位消費者心中環保典範的願景。此外，市面上的紡織品主要是後染加工製成，顏色選擇性多，可預知色牢度效果且成本較低，但每後染一公噸的布，平均需耗費100多公噸的水與能源，化學染劑所產生的廢水也嚴重汙染水資源。大愛感恩科技紡織類產品則以回收廢棄寶特瓶原色或是前染為目標，以減少水資源浪費及汙染與化學染料的使用。

大愛感恩科技與大約9,000個慈濟環保站合作，共同建置全球唯一的大愛環保回收系統，環保菩薩心寬念純的投入，大愛感恩科技接力結合綠色供應鏈平台，最後製成環保綠色再生產品。每件環保再生產品都附有全球獨一無二的「生產履歷」與「QR Code」吊牌,「生產履歷」從回收源頭開始,將上、中、下游綠色供應鏈的時間、來源、數量等資料詳實揭露,全面落實品質管理,確保資源再利用,並說明環保再生比使用原生原料所節省的二氧化碳、石油、水等資訊,此外掃描大愛感恩科技產品 QR Code,可觀看每件產品背後,環保菩薩無私奉獻、愛護大地的人品典範與感人故事。

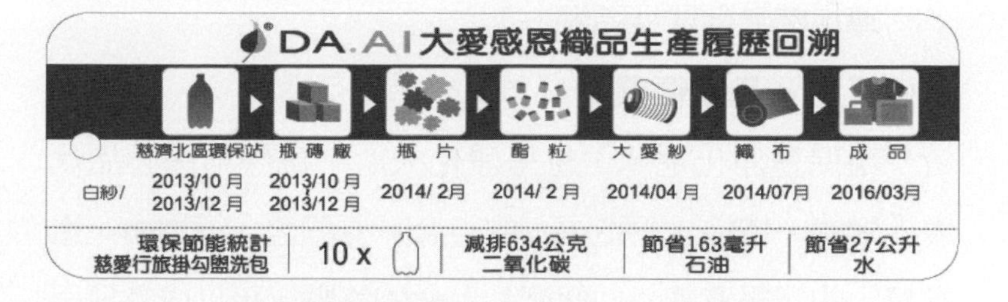

大愛感恩科技環保產品生產履歷

每件環保產品的背後,都有環保菩薩的人品典範,實業家志工合作夥伴的愛心接力,社會大眾的護持愛心無縫接軌,所得成果幫助社會需要受幫助苦難的眾生,環環相扣形成愛的接力與善的循環。證嚴上人開示:

> 人生就像PET,塑料瓶製造出來讓大家用過了,就像人人原有真如本性,在因緣生滅來來回回當中有了污染,丟失了智慧,變成了

凡夫，然而我們這些凡夫也可以被回收，發揮愛心良能。把PET收回來將它清洗，分類清楚，可以抽紗織布、做毛毯，就如同回歸清淨的本性，我們能夠再為人群付出。人生中要有PET，把髒污去除，能夠再回歸、再利用，邊洗邊歷練，洗得乾淨，便能夠再完成我們原來的本性。（呂怡德，2018.02.01，大愛感恩科技報導，慈濟全球社區網。）

環保「心」品新循環

環保是淨化地球、也是淨化人心，每件環保心品代表「知福、惜福、再造福」的心念，更蘊含「續物命、造福慧」的深層意義。一個產品生命的終點，可以成為另一項產品生命的起點，有限資源可以無限循環。環保菩薩將回收寶特瓶的瓶蓋、瓶環分離，依顏色分類並清洗，再送到工廠進行抽絲、織布，最終變成綠色環保產品。

大愛感恩科技成立的宗旨為「與地球共生息」，長久以來致力於解決環保問題，而在解決一個環保問題的同時，是否增加了新的環保問題？也是大愛感恩不斷省思與精進的動力，產品設計研發精神以「社會關懷」與「環境友善」為出發點，以下為產品系列說明：

【循環經濟系列】

循環經濟為現今最重要的一個課題，學習大自然生生不息的循環，使產品在開發過程、使用過程與最終沒有廢棄物產生，廢棄物是因為資源錯置才形成。因此，大愛感恩科技將廢棄回收寶特瓶製成產品，且再製品回收後又可再製成新的產品，回收再回收，形成一個閉環式供應鏈。自 2015 年開始導入 Recycle to Recycle（R2R）循環經濟技術，將環保毛毯布邊回收再製回原料，透過物理法研發出 R2R 二次回收及 R3R 三次回收等系列產品，締造資源循環利用的新奇蹟為業界首創，持續朝「減廢」到「零廢」的終極目標邁進。

【高彈力機能透氣肢體壓力布系列】

「人傷我痛、人苦我悲」，壓力布開發源自 2015 年的八仙塵爆，證嚴上人不捨傷友長期穿著傳統壓力衣，慈悲開示是否能以同理心來設計研發可輕緩不適的壓力衣布料。經一年多與合作夥伴（陽光基金會、國智經編、慈濟社工）共同開發及人體試穿，至第 11 代具高彈性、舒適透氣且有足夠復健療效的精進版壓力布的誕生，藉由精進版型的製作提供傷友足以壓疤的壓力值，又具有延展性佳，涼感效果，提高傷友長時間配戴的意願，並於2017年6月與合作夥伴共同致贈2000碼給陽光基金會造福傷友。守護大地也守護健康，並將壓力布料的研發精神，延伸產品設計運用於適合婦女、長者等守護孝親、長照等相關產品。

【智慧塑膠系列】

「聰明的人開發，智慧的人回收」，智慧塑膠使用廢棄回收各種不同塑膠材質，研發改質技術製作再生酯粒，進行塑膠射出成生活用品。其命名的靈感來源於 證嚴上人的教誨：「聰明的人開發，有智慧的人回收，不是為了營利，而是為了環境的永續。」避免萬年不化的塑膠垃圾遺留給子孫，減少對環境的衝擊。

【大愛環保塑木】

大愛感恩科技不斷積極考量資源永續與經濟循環的運用模式，持續導入專利配方加上回收製程技術來研發綠色建材產品，在原料與設計上使用廢棄回收寶特瓶（PET）、廢棄回收牛奶瓶（PE）、Recycle to Recycle（R2R）毛毯布邊等材料，研發使用廢棄塑膠瓶複合式材料，結合關鍵配方技術及製程條件的掌控，成功研發出回收再利用的「大愛環保塑木」。製造出來的大愛環保塑木，其特性耐高溫、日曬雨淋可應用於室內外建築材料，如步道、涼亭、地板材、桌椅等日常用品。

減少樹木的砍伐亦是推廣綠色環保建材的應用。同時因現今在開發中國家，許多廢棄塑膠袋流入海洋是對於地球、海洋、海洋生物以及環境有著重大的影響，如此龐大數量的塑膠袋何處去，又能夠如何再次回收再利用呢？大愛感恩科技將連結塑木地板的 PP 塑製底座，將一次性使用過的廢棄塑膠袋回收回來，製成再生酯粒再射出環保地墊，不論是原料或設計上皆從資源永續與經濟循環的概念為出發點，經過團隊努力所研發成功的綠色建材，讓更多社會大眾看見環保資源再生運用的創新成果，帶動激發更多人落實環保的實踐動力。

【慈悲科技系列】

從綠色設計、合作夥伴綠色製造、產出綠色品牌也看到綠色生機，一雙手、一份心，是一個善的循環，也是一個尊重的開始。慈悲科技系列結合回收廢棄寶特瓶的環保紡織科技與再生太陽能技術，本著「守護眾生，救苦救難」的慈悲精神，研發出提供志工救災、備災的配備。以慈悲為原點，以人為本環保為主；以科技為推力向前行，當災難發生時得以隨時動員，讓最前線的志工也能做到自身的安全防護，為了克服賑災時，身處險峻的環境以及多變氣候等問題，相關功能性產品因運而生。

【低碳心生活系列】

簡約「心」生活呼籲「環保織品，生活取代」的低碳生活概念，不追求流行時尚，減少使用一次性商品。環保是淨化地球，也是淨化人心，每件環保心品代表著知福、惜福再造福的心，更有著「續物命、造福慧」的意義。環保「心」品，不僅是慈悲科技、愛心的呈現，同時也是全世界循環經濟的領頭羊、先行者。把愛落實在日常生活當中，並把愛傳出去將環保深植人心，人人都能感受到愛與善，匯聚每個人力量，藉著有形的產品改變心念，共創愛與善的循環。

【傳薪系列】

秉持對人類與環境生態的愛，大愛感恩科技成立來始終推動環保「心」時尚來取代快速時尚，為大地之母減少資源的浪費，發揮循環經濟的最大效益。傳薪服飾系列命名意涵為傳承並弘揚華人傳統服飾的薪火與人文理念，傳薪系列設計中蘊含傳達兩個主要精神：大愛與感恩。傳薪服飾整體設計內外和諧與統一，簡約端莊的剪裁，襯托出典雅、簡約、端莊，展現人文之美。衣服的「服」就是福氣的「福」，不僅要穿出對別人的尊重，也要穿出對自己的祝福。

【防疫守護系列】

2020年因新型冠狀病毒疫情，政府與民間企業持續進行各項防疫工作，針對第一線防疫人員防疫關懷行動過程中，大愛感恩科技除了提供有形的「環保物質關懷」，為了因應疫情緊急的需求，捐贈大愛環保眩光套鏡護目罩組、大愛環保泡棉防疫面罩，提供給第一線防疫人員，以及大愛環保機能布口罩、大愛機能濾片、大愛環保福緣紗布方巾、大愛環保感溫貼書籤尺/筆記本/放大鏡系列等產品，除了感恩所有防疫人員的辛勞，並透過尊重生命、虔誠祈禱天下平安，提升善念來消弭災難。

推動時尚新主流

大愛感恩科技將每個低頭彎腰的身影、每個化腐朽為神奇的信念，創造了資源富有無限生命力的價值，環保從家庭生活做起，每個人只要願意多付出一點，就可以一同來拯救我們唯一的地球。環保一條龍為最佳詮釋的體現，透過有形的經濟循環下帶動無形的心靈循環，進而淨化身、心、靈，不分國界、階級、貧富，用愛來傳遞淨人心，成為讓世界更美好的力量。

永續發展踏實走

本著「與地球共生息」的理念，大愛感恩每年約使用6,000萬支回收寶特瓶，經由物理法製作高品質環保大愛紗、環保大愛布，減少石油開發，讓子孫留下更美好的環境，成品品質與原生無異，再生製程與原生製程相比，再生能節省能源84%、減少碳排放77%，大愛感恩科技期望以寶特瓶回收再製的終端產品為號召，推動綠色紡織產業發展，共同面對及解決氣候變遷問題。近三年寶特瓶使用情況與節能減碳節水等數據如下表。

年份	2017	2018	2019
使用寶特瓶總量（個）[1]	6,520萬	6,341萬	6,422萬
節省碳排放（公噸）[2]	4,133	4,020	4,071
節省之石油（公升）[3]	105.6萬	102.7萬	104萬
節省之水（公升）[4]	17,604萬	17,122萬	17,340萬

（1）：市售600毫升礦泉水瓶約27公克/個。
（2）：根據US EPA提供之WARM計算方式，針對回收PET取代焚燒處理可以實際節省的能源與碳排放。每減少製造一個600毫升礦泉水瓶，約節省63.4克二氧化碳當量。
（3）：根據US EPA提供之WARM計算方式針對回收PET取代焚燒處理可以實際節省的能源與碳排放。每減少製造一個600毫升礦泉水瓶，約節省16.2毫升的石油。
（4）：根據SimaPro 7.3 Ecoinvent原生PET製成寶特瓶之使用水量與大愛水足跡盤查用水量。每減少製造一個600毫升礦泉水瓶，約節省2.7公升的水企業依止於人，「企」字隱含無人則止的意思，企業與人關係密切。非僅於此，企業也如自然人，是有生命的。學者將企業初創、成長、成熟、衰退，直至死亡的過程，稱為企業的生命週期，而永續經營則是近年來逐漸形成之重要思潮。企業生命一方面取決於企業外部環境，另一方面取決於企業內部條件。英特爾公司總裁葛洛夫認為：「當一個企業發展到一定規模後，就會面臨一個轉折點。」就是說，必需要改變自己的管理方式、管理制度、組織機構，否則仍用過去的辦法，就難以駕馭和掌控企業，更不用說永續經營。這也正如 證嚴上人勉勵慈濟人要「反省自己、常存懺悔」之道理相同，因為這一分靜思和反省的功夫，是發覺智慧的泉源。

企業外部環境通常指全球的經濟，隨著環境因素的變化，企業面臨許多無法預測的挑戰，就如人生的無常，難以捉摸及預測。但外部環境雖然無法預測，操之在我的仍是主動精進，透過不斷學習與經驗轉化，從力行中運用生命，才能持續茁壯、並實踐企業永續經營的目標。

大愛感恩科技於 2013 年開始自主撰寫企業永續報告書（CSR），藉由報告書與各界及相關利害關係人分享投入於經濟、環境及社會永續經營的努力與成果。大愛感恩科技的主要利害關係人有六類，分別為員工、客戶、股東、供應商、合作夥伴、學校、研究機構，及當地社區、環保團體、環保站。除固定的溝通管道外，每年亦會發送問卷瞭解和整合利害關係人的議題，不僅作為主管與相關部門的參考，也與對外利害關係人建立溝通橋樑。

環境教育護大地

大愛感恩環境永續發展原則與目標為結合綠色回收供應鏈，研發更多回收再製品，同時落實綠色採購方針、產官學研綠色發展合作計畫、關注國際環保議題，並推廣環保理念至各行各業，改變心念，從生活落實對地球的愛護，大愛感恩不只是做環保、說環保，更是環境教育。除了環保產品實體的分享與推廣之外，近年來更持續不斷透過各種平台提供全方位的環保教育，透過時下社群媒體的力量將環保善法精神無國界、無距離的傳遞。

慈濟推動許多環保活動，最終目的在環境教育。「改變」應從「教育」出發，任何事物都可以做為環境教育，然而透過教育的機會，才能真正了解到環保的重要性與差別。環保教育以地球唯一、環境正義、世代福祉、永續發展為理念，提升全民環境素養，實踐負責環境行為，創造跨世代及資源循環利用之永續台灣社會。

大愛感恩科技的品牌宗旨即是淨化人心，唯有從人心開始改變，世界就會因個人而改變。在環境教育的推廣更不遺餘力，不僅培育環境教育講師，同時有多名同仁也參與環境教育相關訓練課程並獲得環教講師認證，環境教育足跡遍及產、官、學、研與海內外環保大型展覽，接待來自世界各國政府、機關、團體、學校，針對大愛感恩的創新環保成效進行觀摩學習與交流，影響力擴及國內外各界貴賓人士，截至2020年總共進行了3,314場環境教育分享與國內外展覽推廣活動。同時對內部工作同仁，舉辦例行週會和各類課程與人文講座，充實產業知識及慈濟人文，並鼓勵同仁參與慈濟見習、培訓精進課程，將職業及志業結合，共同力行慈善環保理念。

除了國內外各機關團體環保分享的邀約，至當地進行環境教育外，亦藉由參展、擺攤推廣時，由同仁進行環保分享。為使聽講者進一步感受回收再製環保紡織品的精緻化與環保意涵，自2013年11月大愛感恩成立第一間大愛環保人文館後，至今已擴展近40間，將環保與心靈教育相融合於社區散播環保綠色種子。

為籌劃環境教育場域認證，於2015年與慈濟北區教聯會合作盤點大愛感恩科技的特色，歷經半年籌備、4次會議研討，結合近 40 位老師共同編纂環境教育教案，將大愛感恩科技的社會企業經營理念、環保永續創新設計與以人為本的慈悲科技，化作有形教材。為了進一步達到證嚴上人殷殷期盼將環保教育落實在共知、共識、共行的目標，跳脫原本只為了想完成場域認證與教案撰寫的框架，延伸規劃教案完成後，更舉辦 16 場次的社區學校親師種子講師的研習課程，藉由更多人的力量在校園、社區以及參訪團體傳揚出去。考量不同年齡層理解力及接受訊息程度不同，教案編輯小組編撰一套適合不同年齡的教材內容，分成小學、中學、社會人士及四大主題「地球發燒了」、「慈悲科技」、「城市礦產」、「搖籃到搖籃」，共 12 份教案。

環境清淨在源頭

人人都有使命，也都有一份力量，但一個人的力量絕對比不上一群人的力量，如何喚起大眾的環境意識，就是從自身做起、帶動，用行動去影響別人，彎腰撿垃圾看似小動作，卻能夠讓世界變得更好，這是環境教育的質，也是環境教育的價值。深入體會慈濟環保志業，了解並落實環保 5R 的精神理念，第一步不用，拒絕使用無環保觀念產品；第二步少用，無法拒絕則減少使用無環保觀念產品；第三步重複使用，重複使用容器或產品減少一次性的浪費；第四步修理再利用，重視維修保養、延長物品使用壽命；第五步清淨回收有大用，將產品回收再製成夠使用的再生產品。最終最重要的是能夠「回收好不用更好」。環保教育不是理想，只要每個人來努力落實，身體力行，推己及人，做大地和心地的農夫，讓善的力量變大，地球才能風調雨順。

大愛感恩科技運用環保科技，秉承「大慈如雲、遍行正道」，讓慈悲有了堅強的後盾，以科技馳援，讓大愛綿延，地球的環保需要大家伸出雙手一起做，正如慈濟環保 30 年前從「用鼓掌的雙手做環保」開始，如一滴水起漣漪般發揮善的群聚效應，從現在起，需要匯集我、你、他，每個人的力量，以清淨在源頭為進階起點，人人共同建構一個清淨的地球。大愛感恩科技以「環保、公益」為宗旨，以「人文、感恩」為情懷，秉持「延續物命，再造福慧」之精神，成立至今以來所追求的 R.O.I 為影響力的深植（Return of Influence），而非一般企業的投資報酬率（Return of Investment），最重要的是能夠帶動大眾一起為守護地球盡一份心力。每一個人小小的動作，凝聚起來必將成為改變社會的一股力量。

附錄

大愛感恩科技獲獎數量

類型	產品系列（年度）	獲獎數
	低碳心生活（2011-2020）	28
產品類	慈悲科技（2012-2018）	23
	回收再回收（2016-2020）	30
	高彈力透氣壓力布（2017-2018）	14
	智慧塑膠（2018）	2
	大愛塑木（2019-2020）	5
	防疫守護（2020）	1
	傳薪（2013-2017）	6
企業類	（2010-2020）	39

大愛感恩科技（產品、設計）專利紀錄

	專利名稱
臺灣	用於製備親水性聚酯的組合物、親水性聚酯及其製備方法
	壓力服
	高彈性透氣經編網布
	塑木組成、塑木結構，及其製作方法
	護腰

臺灣	拉鍊
	將回收布料製成含塑料粒的製造方法及含塑料粒
	回收塑料立體製成物
	從廢棄之紡織品循環回收聚酯對苯二甲酸乙二酯再製的系統
中國大陸	用於製備親水性聚酯的組合物、親水性聚酯及其製備方法
	從廢棄紡織品中回收再製 PET 的系統
	拉鏈
	塑木組成、塑木結構及其製作方法
	將回收布料製成含塑料粒的製造方法及含塑料粒
	地墊裝置
	地墊
越南	拉鏈

大愛感恩科技註冊商標（部份）

商標名稱	商標圖樣
慈悲科技系列	
回收再回收系列	
大愛壓力布系列	
智慧塑膠系列	

系列	標誌
大愛塑木系列	DA.AI Eco Wood 大愛塑木
回收回收再回收系列	回收回收再回收
防疫守護系列	防疫物資
大愛PP系列	大愛PP
傳薪系列	傳薪

慈濟、金車基金會聯合舉行「廢紙回收救林木」環保綠化活動（1992）（慈濟花蓮本會提供）

慈濟大專青年齊聚環保站進行資源回收分類（2012）（攝影／顏福江）

第❸章
以佛教正見正行緩解環境危機：
落實慈濟環保以嚴淨國土並成熟有情

簡玫玲

（慈濟大學宗教與人文研究所副教授）

氣候變遷、極端天氣、資源耗損、棲地破壞、糧食生產分配不均、饑饉、瘟疫、戰爭等等問題已威脅到人類基本的生存條件。當代學者指出環境危機來自人們錯謬的價值觀、自然觀與世界觀。佛教追根究源，認為世間苦果來自於人類不能正確認知一切「法」的真實義，因而無法獲得真正的安樂。

本文首先介紹宗教進入環境議題的緣由及「深層生態學」蘊涵佛教義理的哲思。其次，從佛教的緣起觀，開展出六道輪迴的無常、有業報而無作者的無我、自他依正不二，匯歸中道實相。以其不二，體性一如，雖現象差別但彼此互攝互融。故時間、空間、人與人、人與眾生、人與環境之間，是一交織緊密的生命共同體，相互影響，牽一髮而動全身。再者，教證理證均指出在緣起相依的平等性中，「心」具有相對的主導作用。當今危機的根源自「心」而來，問題的解決也應從「心」下手。真正的安樂須依正見引導正行。在佛法教理的基礎上，最後以慈濟的事行為總結。慈濟的環保行動以慈悲心入門而發菩提心，照護眾生疼惜大地，發揮群體共善的效應，以營建人間淨土。當中，心境互相交涉共震提升，心淨土淨、土淨心淨，從嚴淨國土的實踐力行中，成熟有情共成佛道。

環境危機與人類困境

有情眾生有避苦趨樂的本能，人類更因特勝的智力所以能夠自行創建其所欲求具足快樂與福祉的生命。十八世紀工業革命，新能源的開發利用帶動生產制度的變革，人類的生活樣貌從顧及溫飽的基本需求，進升到滿足物慾的享樂欲求。科技的突飛猛進更帶動經濟生產活動的急遽發展，開放性消費社會持續散播並提供永無止息的消費管道，人們的生活型態更隨著物質生活的豐裕而朝向大量製造、大量消費、大量廢棄的方式發展。現代人的營生方式對環境的破壞已超過自然本身的回復能力。二十世紀中葉後，環境災害事件層出不窮，霾害、各種各樣的污染，以至於今日之全球暖化、極端天氣、棲地破壞、生物多樣性喪失及資源耗竭。有關二十世紀下半葉所發生的重大環境災害事件，可參考楊冠政（2011:75-76）。

本為增進人類福祉的進步發展，卻適得其反地造成人類本身的生存危機，亦威脅到後代子孫的永續發展。依聯合國統計，在 2017 年，天然災害的影響人數為 9,600 萬人，財產損失高達 3,140 美元（Wallemacq, 2018）。面臨環境惡化及環境對人類的反撲等等問題，當代的學者專家反省人類在追求生活改善與快樂福祉的歷程中所建構的錯謬價值觀、自然觀與世界觀，其造成人與其它生物及環境間不平等的關係，以及對立與衝突。學者專家們極力尋求提出生態哲學的新觀念，以重建人與自然的和諧關係。

環境問題的根源與宗教

在探討環境問題的根源時，當代許多學者將問題癥結歸諸於以人類為中心（anthropocentrism）的世界觀及自然觀（Commoner, 1972: Glacken, 1973），甚至指出這種觀點源出於猶太基督宗教傳統中人與自然二元化的論點，人類高於自然，人對自然界中其它的生物和資源具有絕對的支配和控制權。美國歷史學家懷特（Lynn White）在〈生態危機的歷史根源〉一文中指出：二元化的信念及一神論的信仰排拒「萬物有靈」（animism）尊崇自然的信仰，分隔人與自然，設立人與自然的主僕屠庸關係（White, 1967:1203-1207）。人類剝削性和破壞性的本能對環境造成慘烈的破壞（McHarg, 1992）。懷特認為：

> 我們如何對待自然環境，完全取決於我們如何看待人與自然間的關係。更多的科技也無法化解目前的生態危機，除非我們找到新的宗教，或重新審視我們原來的宗教。（White, 1967:1206）

懷特的文章掀起有關宗教義理與環境保護議題間的熱烈討論（林益仁，1997）。塔克（Tucker）和葛里姆（Grim）即明確地指出，宗教哲學和倫理實踐對環境永續性具有重要的影響（Tucker & Grim, 1997）。懷特在前舉〈生態危機〉一文中，雖曾提到在禪佛教中人與自然的關係和西方的觀點迥然不同，但並未對此一論點作更進一步的闡述。

繼懷特之後，西方環保運動者開始藉助東方的宗教思想，特別是佛教，來建構其生態論述。美國詩人史耐德（Gray Snyder）深受日本禪師鈴木大拙的影響，提倡萬物應該擁有其基本權利，且自然中的一切都具有解脫的潛力。在其所著的〈蘇莫基熊經〉中，大日如來化身為蘇莫基熊以捍衛環境（Snyder, 1990:236-239）。研究日本佛教的學者拉斐爾（William LaFleur）亦受到禪佛教的影響。在〈西行與佛教的自然價值觀〉中，拉斐爾強調自然萬物的潛在佛性，自然也是人類「解脫的場域」（LaFleur, 1973）。社會和平及生態運動者艾肯（R. Aitken）從禪修中體悟人與非人類（non-human）並非隔歷不融，瓦石和飛雲都有其生命權。他認為人與萬物應建立互攝互融的關係。然而，人類得先做到「忘我」和「無我」，才能敞開心胸來含融萬物（Aitken, 1985:21）。

深層生態學與佛教

「深層生態學」由挪威生態哲學家奈斯（Arne Naess）於1973年時創先提出（Naess, 1973），後經德維（Bill Devall）、塞申斯（George Sessions）、福克斯（Warwick Fox）和史耐德（Gary Snyder）等人大力推動，成為環

境哲學的重要一個支系。深層生態學是因應環境危機而發展出來的哲學運動，但不同於傳統生態學，深層生態學含括科學分析、哲學思維，以及宗教實踐與倫理。它追問：造成環境危機的原因（why），什麼樣的文化社會思想有助於整體生態的發展，以及如何改變與行動才能解決環境危機（how）（鐘丁茂、徐雪麗譯，2007）。深層生態學主要涵蓋兩個面向：化除「人本主義的自大」（Ehrenfeld, 1978），和建構一整體性生態平衡的生態哲學。德維和塞申斯對「深層生態學」的說明如下：

> 深層生態學並不僅只從狹隘偏限的眼光來看環境問題，而是試圖建立一個廣大悉備蘊含宗教和哲學的世界觀……其基本深意在於二個終極特質：自我實現和生物中心平等性。（Devall & Sessions, 1985:65-66）

「自我實現」（self-realization）是一個自我覺醒的過程，從個體小我（ego）、社會我（self）擴大到生態大我（Self），在此過程中人類逐漸了解自己與自然界的萬事萬物必須相互依存才能共生共榮，從而超越以人類為中心的圈限而含括非情世界（Devall & Sessions, 1985:67）。「生物中心平等性」（biocentric equality）則是體認所有萬物都是這個互有關聯生命共同體中的一分子，因此具有相等的內在價值、平等的生存權利和發展機會。

物理學家卡培拉（Fritjof Capra）（1995）認為深層生態學改變了以人類中心主義為基底的二元分化的世界觀，提出整體的世界觀（holistic worldview），深層生態的覺醒是將自我與自然融為一體，這即是人類精神的覺醒（spiritual awareness）。奈斯也說：深層生態學是一種典範轉移，是一種從科學轉變成智慧的過程。他肯定佛教提供了深層生態學發展的背景與理論基礎。他也期望不同的宗教與哲學能為拯救地球免受人類的宰制與剝削提供滋潤的養分與行動的力量（鐘丁茂、徐雪麗，2007）。

正見為本的佛教

當代學者以為環境危機來自人們錯謬的價值觀、自然觀與世界觀。佛教追根究源，認為自然與人類，依報與正報，構成一整全的生命體，而生命的苦難源自錯誤的知見。人從根本上錯誤地認識自己，不知道自己生命的起源與歸趣，以為自己具有獨特的優越性、獨立性、主宰性及恒常性。同時，也沒有如實地認識他人、其餘生物和自然環境的真實樣貌。不能正確知曉世間一切現象都是依因托緣而成的，是因彼此的關係而得以存在，故無實我性、獨立性、主宰性及恒常性，其體性空寂平等一如。不正知無常，則起常、斷見；不正知無我，則生我、我所見。不正知一切現象具有空寂平等的共同體性，則產生種種戲論愛欲諍見，將自我與他人及萬物分裂對立成不同的陣營，以自我為尊，為爭奪己利而欺壓他人、掠奪其它生物與環境資源，終究造成兩敗俱傷的悲慘結局。人類雖然以離苦得樂作為生命追求的目標，但因知見錯誤，起惑造業而枉受苦果。佛教的宗旨即是為人們開顯正覺之知見，如果能徹見並踐履覺者所悟之真理，破除我執法執等煩惱繫縛，才可能認識自己整全的生命是與萬物同體同根的，唯有齊力同心才能達致畢竟共利共榮的樂果。

三千年前誕生的佛教，是針對生命困境的探究與畢竟出路的關切而發生的覺醒運動。離苦得樂是有情深刻根本的欲求，也是佛教的終極關懷。世尊年幼時曾行至田間，見到人鞭牛鳥啄蟲，一幅弱肉強食自相殘殺的景象，使太子發出悲嘆：「世間眾生處於諸多苦惱中，為何不設法遠離苦痛？為何不尋求離苦得樂的智慧？」（《佛本行集經》，T03, n. 190, p 795c）。及至年長出城遊觀時看到老、病、死人，尋思自己與眾人無異，如果不能解脫老病死的苦惱逼迫，生命何樂可言、意義何在？由於對苦的深刻體會與出離的願心，太子選擇放棄王位出家修行，最後究竟證悟生命的實相，圓成佛道。

「果從因生、相由緣現」的緣起法是世尊所證悟且依證而教的生命究極理則。緣起作用不僅只針對有情的生死流轉苦及涅槃還滅樂而言，亦普遍應用於宇宙萬法的成住壞空、生住異滅現象。緣起論是佛教的根本教義，也是世尊教法的心要。佛陀一代時教可以「緣起」為總綱，別開出因果、三法印、四聖諦、十二因緣，繼而以不二中道統合之。諸多經典中皆提到：「若見緣生即能見法，若能見法即見如來」（如《佛說大乘入諸佛境界智光明莊嚴經》、《自在王菩薩經》、《慈氏菩薩所說大乘緣生稻芉喻經》）；《首楞嚴義疏注經》也說：「聖教自淺至深說一切法，不出因緣二字。」

緣起正見

「緣起」是宇宙人生一切事物生起存在與變異消逝的共通理則。一切現象必須依賴各種因緣條件和合和制約方能生起，一旦因緣條件散失，該事物便不復存在。

緣起理則的基本表式為：「此有故彼有，此生故彼生；此無故彼無，此滅故彼滅」，在《雜阿含經》、《緣起經》、《大寶積經》、《楞伽經》等諸多大小乘經典都曾出現。「緣起」彰顯事物間的相互關聯與依存性。無有一法是自我形成或獨立於其它事物而存在的，乃至其變異和消逝亦與其它事物息息相關，是故「諸法因緣生、諸法因緣滅」。所謂的「因」指直接、強而有力的影響條件；「緣」則是間接、次要、疏遠的條件。個別的「因」與「緣」又各自具有其生起與消散的因緣。以其必須依因待緣而生，故一切事物都不具獨立性、缺乏主宰性、沒有自性或實體可言，此一無自性可得的特質就稱為空性。「空」是世間萬法得以建立的必要條件，《中論》云：「以有空義故，一切法得成」，因為空無自性的理體，所以緣起的世間現象才得以成立，從而展現變化萬千的精彩樣貌。但因真空才能顯現妙有，這是佛法不共世間其它宗教和學說的獨到之處。

所有現象彼此關聯、互相依賴，牽一髮而動全身，「隨去一緣即一切不成」(《華嚴一乘教義分齊章》，T45, no. 1866, p. 503c)。如此繁複而綿密的互動關係網絡，架構了宇宙萬法乃至有情眾生交融互攝、綿延無盡的生命相依共榮理則。雖然萬法與眾生，一一現象各各差別，但體性一如、空無自性、法性寂然平等。如此有依空立，既異又一、非一非異的共生關係，龍樹菩薩如是說明：

> 若法從緣生，不即不異因，是故名實相，不斷亦不常。不一亦不異，不常亦不斷，是名諸世尊，教化甘露味。(《中論》，T30, n. 1564, p. 24a)

不落兩邊且相互融攝的不二中道才是一切法的真實相貌，此一精深微妙的道理就稱為「緣起」。在緣起的脈絡中，人不能獨活。人的起源與歸趣、人的定位如何？人與眾生及無情的自然環境又是什麼樣的關係、彼此如何連結？

（一）緣起無常相：六道輪迴

人有強烈的生存欲求，亦祈願永續的生存與福祉。宇宙萬物的生滅與有情眾生的生死，生從何來，滅往何處，一直是人類理智探索中的大哉問。就人類的生死而言，在前際無著後際無望的不確定性中，多數宗教如猶太教、基督宗教、伊斯蘭教都承認從現世到未來的存在，但卻不談生前的處境（釋印順，2003:25）。不同於二世論者，佛教相信三世延續的生命觀；對任何生命體而言，其存在並非始於出生之時，死後亦非完全地消失斷滅。如《彌蘭王問經》：

> 長老言：「大王！於此處生者於此處死，於此處死者於往生他處，於彼處生者於彼處死，於彼處死者於往生他處。大王！如是為『輪迴』。（郭哲彰譯，2018）

佛教相信輪迴。輪迴象徵生命在時間延續的無限性，它符合多數人對生命永續的期望。然而，佛教的輪迴卻不指向不變的永恒，而是一個不常恒亦不斷滅動態變遷的延續；沒有任何個體可以恒常地處於同一生命的類型中，但依其所造之罪福因緣，以不同的相貌不斷地變化流轉。人的生命如此，田耕中出現的牛、鳥、蟲等畜生類也是如此。尚未解脫的有情在五趣六道間生而又死、死而復生，形貌更迭，上下升沉，輪轉不息。《大智度論》如此描述：

> 菩薩得天眼，觀眾生輪轉五道，迴旋其中：天中死，人中生；人中死，天中生；天中死，生地獄中；地獄中死，生天上；天上死，生餓鬼中；餓鬼中死，還生天上；天上死，生

畜生中；畜生中死，生天上；天上死，還生天上。地獄、餓鬼、畜生亦如是。（T25, no. 1509, p. 175b）

在《本生經》中，世尊也提到自己在尚未成佛前曾在畜生道、人道及天界輪轉的經歷。《大般涅槃經》：「如佛世尊本為菩薩修諸苦行，所謂：『比丘當知：我於過去作鹿、作羆、作麞、作兔、作粟散王、轉輪聖王、龍、金翅鳥。』諸如是等行菩薩道時所可受身，是名闍陀伽」（T12, no. 374, p. 452a）。以譬喻說，延續的時間軸線如同空白的五線譜表，相貌更迭與心念變動則像是上下跳動的音符，各個有情譜出其獨特的生命樂章。但無論曲調如何不同，都是五聲音階的變化。三世輪迴的生命觀除了指出生命時間的無限性外，亦說明各別有情形貌變化的豐富多樣性。換言之，各個有情並非單音延續，而是不斷地在五趣中跳升與跌落，均曾經驗其餘各趣的相貌與處境。

一一有情的生命樂章並非獨奏曲，亦非小型的奏鳴曲或協奏曲，而是超大型交響樂中混合共鳴音聲中的一分。在輪迴升沉的無限漫長歷程中，人與其餘各趣諸眾生的生命關係重重交疊，都曾是生養自己的父母。如

《梵網經》言：「一切男子是我父，一切女人是我母，我生生無不從之受生，故六道眾生皆是我父母」（T24, no. 1484, p. 1006b）。《入楞伽經》也說：

> 一切眾生從無始來，在生死中輪迴不息，靡不曾作父母兄弟男女眷屬，乃至朋友親愛侍使，易生而受鳥獸等身。（T16, no. 672, p. 623a）

雖然眼前所現五趣的生命類型不同，今生互不相識，但彼此都曾經在各趣中以種種親緣關係相遇，互為父母、親友、同事，彼此育養、共同支持與成長，未來在邁向離苦得樂的道路上也必須互相提攜彼此協助才可能達成目標。

無常變化的不僅只是肉體形貌或五蘊中的色法，受想行識等心法亦復如是。心念的剎那無常更甚於色法。《菩薩處胎經》（又稱《菩薩從兜術天降神母胎說廣普經》）：「拍手彈指之頃，三十二億百千念，念念成形，形形皆有識」（T12, no. 384, p. 1024b）。每個念頭都關涉著有情的業相和境界相。相貌與心識如電光石火般瞬息萬變，共生出有情的身心與周遭環境。

（二）緣起無我相：有業報而無作者

雖然身心變化不止，但在生滅變化中卻顯現出前後的統一性，因而有情深信以為內在必有一凝然不變的主體「我」才可能串接如此既變動又統一的生命。再者，有情的生命現象各各不同，相對獨立而活，從而也產生相對異於「自我」的「他者」的概念。依此對「我」和「他」的錯誤見解，我愛、我慢等思業行業相繼生起。在我執妄見的盲目牽引下，以自我為中心、以自我為尊，愛戀五蘊身心的聚合體。為謀求個人的生存，滿足欲求、利益與福祉，可以不顧乃至殘害他人及其它眾生。自以為可以從中獲得利樂，事實上是造作損他卻不利己的不正業。彼此弱肉強食、擄掠劫奪、欺凌互害，從而感得惡業相續更受生死輪轉拘囿，身苦心苦交相逼迫不得解脫自在。月稱菩薩在《入中論頌》中即說：「慧見煩惱諸過患，皆從薩迦耶見生」（釋法尊，1994:63）。一切不正見，皆從「我見」而生。「我見」和「我所見」即是生死苦惱的根本。

緣起故無常、無我，此是佛教的根本教義。無我指沒有常恒、獨立、主宰、真實的「我」（自性）作為有情乃至山河大地等萬物存在背後的本體。佛教相信三世延續的生命觀，但若沒有不變的主體（我或靈魂）作為支持，有情如何從前世、今生相續到未來世？是誰在輪迴生死、造業受報？自作自受的業果如何持續？無我的教義和三世的生命觀是否矛盾？

有業報而無作者是佛教特有的業論（釋昭慧，2011）。《雜阿含經》明確地指出：

> 眼生時無有來處，滅時無有去處。如是眼不實而生，生已盡滅，有業報而無作者，此陰滅已，異陰相續，除俗數法。耳、鼻、舌、身、意亦如是說，除俗數法。俗數法者，謂此有故彼有，此起故彼起，如無明緣行，行緣識。(《雜阿含經．三三五經》，T02, no. 99, p. 92c)

世間一切五陰現象都不是實體的存在，其生起時不從某處而來，消逝時也不去向某處，然而在滅去的同時卻會孕生出別異的五陰，這當中倚靠業的勢力運作來維持延續。業報的相續，就如同世間萬物生滅變異的現象，依因緣條件的和合離散而相續生起也剎那消逝。這當中並沒有一個常住不變的「我」或「靈魂」作為輪迴生命延續的主體。

雖然沒有輪迴的主體，但卻有覺知認識的作用，覺識作用常被誤以為是生命的主體、靈魂、我。世尊在闡述緣起時常提到：「名色緣識、識緣名色。」因識入胎，身心才能增長及至成人，若識散失身心也隨之崩壞，反之亦然（釋印順，2003: 15-21、50）。識與名色並非認識主體與所認識對境的主從關係，而是相依互存展轉相生的對等關係，如同三束蘆葦相倚而立，若缺其一，其二不能成立，因此都是剎那變滅的。

凡夫眾生盲目執取「識」為「我」之恒常主體，以其認識了別的作用，對外分別自他與環境，對內則依六觸為緣，觸境生心，產生種種苦樂的感受，而有愛戀與憎厭之情，造作生死相續之業。因自他分別而產生我相、人相、眾生相、壽者相，彼此隔別、時空斷裂，不知道一切尊卑貴賤都僅只是業果相續過程中的暫時狀態，凡所有相都是無常幻化並沒有恒常實體的「我」存在。因為不受實體僵化的限制，以其無我相、無常性所以具有無量性，展現一切的可能性，演變出多樣的生命形相，五趣六道君臣父子變化萬千，彼此關係交疊重重無盡。

有業報而無作者的問題著實令人困擾。在《彌蘭王問經》中，彌蘭王亦曾請教那先比丘業報主體（靈魂）存在與否的問題。那先比丘依佛教理直言六根、六識乃至受、想、思、觸、作意等等都從因緣條件的聚合而生，並無靈魂的存在。然而，國王對生命的新新相續與業報的責任歸屬仍感到困惑，再次求教比丘：相續新生的是否是原來的身心？如果不是原來的身心，何需承擔先前身心所造的業，故舊之業是否可以就此除免？比丘教示：不是依現前的身心（肉體和意識）而產生新的身心，而是依其所造的善惡業而孕育出新的身心。新的肉體和意識是隨順先前業力為緣而生的，當然不能不承受自己所造的業。[1] 龍樹菩薩在《中論．觀業品》則說：「雖空亦不斷，雖有亦不常，業果報不失，是名佛所說」（T30, no.1564, p.22c）。

佛教雖然否定造業主體的實有性，但卻肯定所造業的可延續性。亦空亦有、不斷不常，看似矛盾對立的兩方，依據緣起對法不相捨離的原則，因彼此關聯而得以

1《彌蘭王問經．卷三．名色結生之問》：「王言：『尊者那先！結生者為何耶？』長老言：『大王！名色是結生。』『此〔現在之〕名色是結生耶？』『大王！此〔現在之〕名色非結生。大王！依此〔現在之〕名色而為或善或惡之業，依其業而結生他之〔新〕名色。』王言：『若此〔現在之〕名色非結生，則人非免惡業〔之果〕耶？』長老言：『若無結生，則人應免惡業。大王！然而，結生之故，不免惡業〔之果〕。』」N63，n.31, p.75a，郭哲彰譯。可參考佐佐木現順著，周柔含譯，2003，《業的思想》，頁52-56。臺北：東大。

共存。阿含經典指出：「若見緣生即能見法，若能見法即見如來。」《金剛經》則說：「凡所有相皆是虛妄，若見諸相非相，即見如來」(《金剛般若波羅蜜經》，T08, no. 235, p. 749a)。我、人、眾生、壽者都是暫現的分別假相，彼此關聯相依互存。現象各各不同，但都有一共通的「如」性，或稱為「佛性」或「空性」。因為空無實性限制，所以有無限的可能性，可以藉由積極的善業的增長而改善與提升自己的狀態。因為佛性，所以六道眾生無論現世的處境如何，未來皆有成佛的可能，得到自在解脫的妙樂果報。「無我、無常、無量性、無量相、無量壽」，無限的時空擴展延續才是「我」的真性實相。如果有獨立不變之實自性「我」，不但有情無法隨所欲樂達致涅槃，世界也無法安立。

（三）正報與依報：人與環境

因善惡業報而感得的五趣身心，必須有與其相應的所依國土。根身與器界都是有情善惡業所感的果報，這是大小經論的共同說法。如《起世經》(T01, no. 24, p. 301b) 所言：「一切世間，各隨業力，現起成立。」《瓔珞本業經》(T24, no. 1485, p. 1016a) 則說：「凡夫眾生住五陰中為正報之土，山林大地共有名依報之土。」假借五蘊聚合的身心是有情業力所感報應的正體，稱為正報。社會與自然環境是身心正報所依之境處，亦屬業報的一部份，名為依報。正報屬不共業；依報則為共業，是由眾多有情共通共有的業因緣而得以成立，具有共同能見、共同依托、共同受用的特質。

器世間的成住壞空，據法相唯識賴耶緣起的說法，是「由自種子為因緣故，本識變為器世間相」(《成唯識論述記》，T43, no. 1830, p. 321b)。如來藏真如緣起則認為「身及資生器世間等，一切皆是藏識影像」(《大乘入楞伽經》，T16, no. 672, p. 597a)。此二者強調在緣起關係中，心識作為主導，依緣而引生出器世間，因此器世間並非獨立於有情身心以外的實質存在，而是有情心識的變現，故與心識同一體性。般若經典則說：「識由業漂，乘四大起，無明愛縛，我我所生。識隨業遷，身即無主；應知國土，幻化亦然」(《仁王護國般若波羅蜜多經》，T08, no. 246, p. 840b)。禪宗祖師亦言：「境由能境，能由境能。」後二者本著阿含經典「識緣名色、名色緣識」的基調，根、境、識三者展轉相依、相互影響，應運而有根身與國土業果的相續。

正報與依報，有情生命與其所依社會及環境，如魚與水不可須臾離。兩者的關係並非二元割裂、隔歷不融，而是具有共通的體性、共同的業果牽引，彼此交織成一整全不可分割的生命共同體。但以體性「空」「如」，所以能相互融通。不僅只是體性相通，在現象界有情與無情器世間也是渾成一體的。在六道輪迴的無盡歷程中，除了有情正報的根身彼此形貌與關係交相更替外，有情與無情的器世間亦無止息地交流代謝，如《梵網經》所言：「一切地水是我先身，一切火風是我本體。」有情在日常生活的呼吸、飲食、排泄、能量流動等等活動都與周遭的陽光、空氣、水乃至土地、植物等等緊密互動，所謂有情主體與環境客體並沒有明確的分隔界限。

《華嚴經》云：「眾生及國土，一異不可得，如是善觀察，名知佛法義」(《大方廣佛華嚴經》，T10, no. 279, p. 65a)。明確地指出有情與無情、眾生與器世間、人與環境休戚與共難分彼此。環境依有情的共同「業力增上」而現出無意識的生命現象，離了有情便無環境可言；反之亦然，離了無情的環境有情的生命便無處安頓。以此之故，有情與器世間形成一互攝互融的整全生命體，人們身心之避苦趨樂乃至圓成佛道等種種活動，皆得依託於自他共存的社會及自然環境中才得以進行。天台實相緣起即言「依正不二」，依報與正報，現象雖殊體性平等一如，二而不二，不二而二。了知自與他、有情與無情之間，非一非異、亦一亦異的關係，即是了知佛法的深奧義理。

（四）不二中道：整全的生命觀

不二中道是佛教之根本立場，捨離盲人摸象偏執的二邊，回歸無戲論諍執的原點。大小乘皆以此為核心教理。《雜阿含經》言：

> 如來離於二邊，說於中道，所謂此有故彼有，此生故彼生……所謂此無故彼無，此滅故彼滅。（《雜阿含經．二六二經》，T02, no. 99, p. 67a ）

《般若經》則說：「如是觀察十二緣起遠離二邊，是諸菩薩不共妙觀」（《大般若波羅蜜多經》，T06, no. 220, p. 787b）。龍樹菩薩綜合諸經論而說：「眾因緣生法，我說即是空，亦為是假名，亦是中道義」（《中論》，T30, no. 1564, p. 33b）。緣起即是中道，兼容空假又雙遮空假。空性指陳理體而假有顯示現象，有依空立、事待理成，兩者並非二元對立，而是彼此依存、相互圓融。

(I) 果從因生，因果不二

觀察世上存在的事物，無一是本來就存在，更非神所造，也不是無因無故的突然出現，一切都必須從因緣而生。一般人以為因果是前後關係，前因後果。從緣起中道的角度來看，因果是一種雙向交流的關係；是相對假名，對因名果、對果名因，因與果一時俱生，即因即果且互為因果。以世間父子為例，兒子因為父親而得以誕生，而父親也因兒子之誕生而擁有父親之稱謂。就前者而言，父親是因，兒子是果。就後者而言，兒子是因，父親是果。因觀待的方向不同，兒子是既因又果，父親亦然。[2]

(II) 過去、現在、未來，三世不二

生命的延續與現象的變化從過去到現在到未來，輪迴更涉及過、現、未三世。一般人以為時間是客觀的存在且時間流是延續性的。佛教的時間觀是既相待又超越。《金剛經》講：「**過去心不可得，現在心不可得，未來心不可得**」(《金剛般若波羅蜜經》，T08, no. 235, p.

2《俱舍論疏》：「外難：為因之時不可為果，為果之時不可為因。如何二義俱得成也？論：不爾，所觀至父子等名。答也：所觀有別，二義得成。由如父子，從他生義名子，生他義名父。因果亦爾」(T41, no. 1822, p. 601c)。

715b)。雖有相對過去、現在、未來種種遷流變化的現象，但時間並非實有的存在，而是藉由觀待現象變化而存在。過、現、未也非隔別不融。過去的已過去，未來的尚未到來，皆不可說其存在；但如果沒有過去、未來，現在亦不可得。然而，現在依過去而立，未來因現在而有，當下的現在實則含攝過去與未來。古德言：「無邊剎境，自他不隔於毫端；十世古今，始終不移於當念」(《新華嚴經論》，T36, no. 1739, p. 721a)。有情所造之「業」即藉由因果與三世的相互融攝，將「過去」「業因」含藏於「現在」「果報」並轉成「業因」造作「未來」「果報」。「欲知未來果，當觀現在因」(《諸經要集》，T54, no. 2123, p. 53c)。所謂「未來」的自己、社會與大地環境，不離當下、即是當下。

(III) 五陰、眾生與國土：整全的生命觀

五陰(蘊)、眾生與國土總名為三世間，是時間與空間的總體，包羅自、他、正報與依報。五陰是構成有情身心的共通要素；眾生指所感得正報的差別相，五趣六道等；國土則是依報的差別相。一般人以為自我是獨立的個體，其他有情和環境大地則是自身以外的事物，且生命僅只於一期。然而，在緣起業果相續的脈絡中，眾

生業報所現的三世間，自我、他人、其它眾生以及山河大地是處在重重交疊無限延續的關係網絡中，個體與個體、個體與群體之間，從過去到未來相互連結，建構成一整全的體系。切斷當中任何一項關聯性，不只影響單獨或少數個體，而是整個系統以及當中所有的個體。

「隨去一緣即一切不成」，所以任何一緣都具有整體內各個單元乃至全體的信息，[3] 也具有影響其存在與變異的作用力。華嚴宗以「一即一切，一切即一」來說明緣起體系中部份與部份、部份與整體，乃至現象與體性間彼此相即、相入、相融的關係（《華嚴經探玄記》，T35, no. 1733, p. 111a）。

就體性與現象而言，三世間的有情萬物雖有其別異的特殊性，但也具有共通的空寂體性；共性與特性、空寂與多樣並非隔別二元對立而是彼此貫通相融無礙，不因共性的空寂而妨礙現象的變化萬千。就現象與現象而言，以譬喻說，如帝釋天的珠網，有情萬物如同網結上的一一寶珠，其上印現出自他一切寶珠中的影像，如此無限地交相映射，重重無盡（《華嚴五教止觀》，T45, no.

3《大方廣佛華嚴經》：「一切中知一，一中知一切。」（T09, no. 278, p. 453b）。

1867, p. 513ab)。因為大小前後貫通相即無礙，所以於一毫端即能遍現自他十方世界，於一念之中即能通達十世古今。

天台智者大師更以「一念三千」表明眾生「當下一念」即具足體性、相用、眾生、國土、善惡因果、教理修行等一切諸法。因為一切法的緣起依存性和無我共通性，眾生日常的一念心便具有其餘九法界的性德，十界互具而成百界，貫通三世間，再探究其中性、相、力、作、因、緣、果、報和本末究竟（義理和修行的權實判斷）的實相性德，總成三千在一念心中（《摩訶止觀》，T46, no. 1911, p. 54a），「秖心是一切法，一切法是心」，當下一念就是諸法的全體，心外別無他法；當前一法亦是心的全體，法外並無他心。心與一切法不是主從前後的關係，而是「是法平等無有高下」，性相空寂又具恒沙妙作用。心依法而轉，法依心而現；心在法在，心去法無（同上，p. 55b）。心法互具互融，遍入無盡的意境中，這個不思議的境界假名為「中道實相」，是一切法的真實相。

（IV）小結

一般人不了解「我」和「法」的真實相，不知「無我、無常、無量性、無量相、無量壽」，無限的時空擴展延續才是「我」的真性實相，不知一切法「互具互融、遍入無盡世界」的「中道實相」才是宇宙萬物的真實相。不知道自己這一念心中即已一切具足圓滿，取之不盡用之不竭，卻不斷地向外追求，視名利財色為樂果。此「樂果」實為「苦因」，造成今日世界人與人、人與自然之間的衝突緊張關係。

佛陀出世教其所證，欲令人悟入一切法緣起，無我、無常、體性空寂、妙用無窮。當了解內在只是和合相續的個體，雖現為個體的活動，實無絕對的主體；否定絕對的自我就沒有絕對的他人，相對的自他是息息相關的連結，必能啟發為慈悲的予樂拔苦，以忘我的心態不分彼此，創造個人、社會與自然環境的全體大樂。

一切由心

當前世界的環境與社會問題，氣候變遷、全球暖化、極端天氣、資源耗損、棲地破壞、糧食生產分配不均、饑饉、戰爭、瘟疫等等天災人禍，實為大眾共同心識策發行為活動的業報結果。經濟繁榮、科技進步、生活品質及舒適度的改善，是人類追求快樂歷程的表面成果。然而這些快樂是外在、暫時、物質性的，在快樂表面下所隱藏的卻是天地災變、資源耗損、人與環境的緊張關係及人內在精神的失落。換言之，雖然以追求幸福快樂為目標，但人們卻一步步地將自己推入苦與煩惱的困境中。因為人們不能正見生滅相續無我無常、彼此相依自他增上的理則，習於運用貪欲和瞋恚的心念，意圖征服他人與自然環境，獲取物欲的滿足舒適方便和個人的名利地位，心靈的災禍從而孕生出社會環境的災禍，應驗佛陀二千多年前所預警的末法時代大小三災劫難。大三災即指自然環境的災難，包括火災、水災、風災；小三災則針對人禍，即戰爭、疫疾和饑饉。[4] 近百年來，大小三災頻繁地出現且規模愈來愈劇烈，已威脅到人類生存的基本環境，此為人類社會目前所面臨最嚴重的困境。

依因果業論，如是因如是果，天地的和諧或劫難、個人的福樂與苦迫都是業力所感。依緣起論，一切法性

4《長阿含經》：「佛告比丘：世有三災。云何為三？一者火災，二者水災，三者風災。」T01, no. 1, p. 137b；《長阿含經》：「佛告比丘：有三中劫。何等為三？一名刀兵劫，二名穀貴劫，三名疾疫劫。」T01, no. 1, p. 144a。

空無常，時[illegible]可以被改善與提升。若專向經濟、科技與物質層面[illegible]取進步，人類不但無法得到真正的福樂，反而更埋下[illegible]因預訂未來更嚴峻的苦果。若要根本解決問題，得[illegible]知曉苦因為何，從不造苦因下手改善。

在[illegible]起眾因緣的差別相中有一項相對較重要的因緣[illegible]即是「心」。心具有了知識別和思惟度量的作用，[illegible]開展了有情對自己及周遭環境的覺知、認識及行動[illegible]由心而引生的行為，依其所造善惡業而生苦樂果[illegible]大般若經》:「於一切法心為前導，若善知心悉解眾[illegible]；種種世法皆由心造，心不自見種種過失，若善若[illegible]皆由心起。」,[5] 在策發善惡的動機和接續的行為作用[illegible]，心扮演著重要的角色。從「種種世法皆由心造」[illegible]「環境依有情共同業力增上而現」的觀點，所謂的天災實由人禍而來。探究災難的源頭，起自於心。證嚴法師即說：

> 眾生共業啊！這股業力若繼續往惡的方向走，實在不堪設想。然則天災起於人禍，有形的災難不可怕，心靈的災難才是真可怕，人心

5《大般若波羅蜜多經》，T07, no. 220, p. 933b。

如果沒有照顧好，這種速度將會愈來愈快。（釋證嚴，2006:19）

依因果律來提升自己並改善世界，是佛教為解決生命困境所指出的一條正道。從問題的根本「心」下手，以淨心引發淨念與淨行，不但能影響正報也能轉化依報。「種種世法皆由心造」，從人心的淨化，化暴戾為祥和、化貪婪為知足，祥和社會指日可待，從推己及人進而仁民愛物，重新建構人與自然的和諧關係，則淨土世界去此不遠。

靜思法脈與慈濟宗門

諸佛世尊出現於世的要意為開啟人們清淨的智慧，令其了知正見，若能依教奉行，即能遠離無益之苦安住究竟大樂。知苦、斷集、慕滅、修道，若只知苦而不修道，終究不能圓成佛果。實踐而非教條，利益群生的社會實踐是慈濟宗門的特色。[6]

依循《法華經》所述世尊出世的悲願，本著「為佛

6 釋證嚴（2017）。《慈濟宗門的普世價值》：「我不是要大家只是念經，人人要身體力行。作為佛陀的弟子，要能體會佛陀在人間出生、在人間覺悟、傳法於人間，是要開啟運用在人間、度化世人的人間佛法」（頁8）。

教，為眾生」的師承，證嚴法師教示弟子「佛心己心，師志己志」，期許弟子以菩薩利他行門來實現普度眾生的理想，終極的目標是體證淨智回歸佛心。據《無量義經》的「無量法門悉現在前」，任一時間、空間、人間、有情和無情都是修行的機緣和道場。法門無一不是，道場也無所不在，一切時處都能接引不同根機的學人認識自心清淨成就佛道。證嚴上人於 2013.3.1「靜思晨語」中開示：

> 覺悟的時間、空間、人與人之間，無處不是，無處不有。無論你在哪一個地方，全都是我們的道場，就是我們將要傳法的地方。我們不只是對大地、人群，都是我們能保護著大地，啟發人群的愛，任何地方都能夠開啟道場度人……佛法無處不在，無處不道場。無非都是法，全都是能夠成佛的法，所以大家要用心去體會。

慈濟走入人群，從街頭到巷尾，從台灣到全球，不分膚色、國族、種族、宗教，廣邀有緣人在日常生活的行住坐臥間，一起精勤行道淨化心念。若能將「人間菩薩化，菩薩人間化」，佛國淨土的世界便能在這世間實現。證嚴法師（2002）在講述《佛遺教經》中提醒慈濟弟子：

> 凡夫地是起點，成佛是學佛者的目標，從起點到目標這條路就是八正道、菩薩道，所以佛法並不深奧；我們要將人間菩薩化、菩薩人間化，將菩薩的精神注入日常生活中，必定要有一個目標，而且必須身體力行，目標就會愈來愈近。（頁 30）。

慈濟度眾的法門，是帶動人人由善門入佛，守持戒律，諸惡莫作，眾善奉行，如此自然合佛陀本懷，達到「人格成，佛格即成」的目標（釋德仉編，2008:955）。「從善門入佛門」，以慈善為開端，目的指向終極的佛心覺智，是慈濟宗門引領學人的方向。證嚴法師說：

> 慈濟建醫院、辦學校，固然因應社會所需，其實是為了廣開佛教大門，希望人人由善門入佛門，走入智慧法海，將佛法具體化、行動化、生活化。（釋德仉編，2007:23）

《華嚴經》云：「諸佛如來以大悲心而為體故。因於眾生而起大悲，因於大悲生菩提心，因菩提心成等正覺」（《大方廣佛華嚴經》，T10, no. 293, p. 846a）。《觀佛三昧海經》亦言：「汝等今者應觀佛心，諸佛心者是大慈也，大慈所緣緣苦眾生」(《佛說觀佛三昧海經》，T15, no. 643, p. 674b)。要契悟佛心淨智，慈悲是必要條件。「慈悲濟世」即為慈濟的宗本。1968 年《慈濟月刊》創刊周年的〈社論〉:「我們以『慈濟』命名，以『慈悲為懷，濟世為志』作主旨。」2016 年，證嚴法師正式立定法脈宗門時亦明示，慈濟在人間行道的方向是依止「慈悲喜捨」四無量心，且大愛不僅只於人類，六道眾生都是菩薩化度的對象，愛護的對象不僅只限於有情的生命，也擴及一切大地物命。不只是自修自利、獨善其身，還要利及他人兼善天下。從實踐當中要能體現眾生平等、萬物和合相連的道理，即能契入真如本性與萬法合一的大智慧（釋證嚴，2017:7, 17)。

（一）嚴淨佛土

從依正不二的觀點，正報的佛身當有相應的依報佛土。要入佛心佛智必得嚴淨佛土，而嚴淨佛土的充分必要條件是透過利他行來成就眾生，人淨土淨兩相配合互為因緣才能圓成佛的果報（參閱楊惠南，2005:250-251)。《大智度論》(T25, no. 1509, p. 463ab）云：

> 若不利他，則不能成就眾生；若不能成就

眾生，亦不能淨佛世界。何以故？以眾生淨故，世界清淨。若不具足是等眾事，云何當得一切種智？

在《維摩經》中，已發菩提心的五百童子請教世尊該如何修持以打造淨佛國土。世尊教示：「眾生之類是菩薩佛土」（《維摩詰所說經》，T14, no. 475, p. 538a）。依僧肇的解釋：「土之淨者必由眾生，眾生之淨必因眾行……行淨則眾生淨，眾生淨則佛土淨」（《注維摩詰經》，T38, no. 1775, p. 335b）。淨土由眾生所成，眾生心與行的淨化才能成就依報的淨土環境。營造清淨佛土並非單一行者的心念或行業便可完成，須由依處該地的住眾共起淨念共行淨業才能圓滿成就。《大智度論》（T25, no. 1509, p. 708c）即說：「自身淨，亦淨他人。何以故？非但一人，生國土中者皆共作因緣。」

慈濟宗門從初始的「教富濟貧」到「濟貧教富」，即本著「群體共善」的理念，希望透過善的循環增長共同善業，以營造共同能見、共同依托、共同受用的淨土環境。證嚴法師不斷地鼓勵大眾「帶動天下人擔當天下事」（佛教慈濟慈善事業基金會，2018:3）。證嚴法師慈示：「眾生共業，如果共惡業，則天下災難愈多；共善業，就能保障天下平安。所以好話要多宣導、好人好事彼此帶動，廣招人間菩薩，共創菩薩淨土」（釋德仉編，2012:627）。

龍樹菩薩在《大智度論》（T25, no. 1509, p. 335a）中點出淨土的樣貌：國人壽長、資源豐足、和樂無諍，隨所願樂一切皆遂。這是以行善業因緣，不殺生、不偷盜，而產生的相應果報。

（二）尊重生命

證嚴法師在講述《藥師經》時指出：「受八分齋戒、食清淨食」及「應生無垢濁心、無怒害心，於一切有情起利益安樂，慈悲喜捨平等之心」是慈濟人修持的法門（釋證嚴，2006:470）。八分齋戒以不殺為首，以節制飲食為總結。《大智度論》（T25, no. 1509, p. 155c）：「諸餘罪中，殺罪最重；諸功德中，不殺第一。」世間有情最珍惜的是自己的生命，一切有情皆愛生而惡死，一切懼刀杖、一切皆畏死。依因果業律，殺生得短命的果報，[7] 且殺心屬垢濁心和怒害心，非為淨土之因。「食清淨食」即是茹素蔬食，除不造殺業外，更以慈悲心、平

7《分別善惡報應經》：「世尊！有情短命，何業所獲？佛告長者子言：殺生所獲」（T01, no. 81, p. 896c）。

等心來利益安樂一切有情。法師闡釋齋戒的意義：

> 身心潔淨謂之「齋」，而持齋既保護自己的心，也保護大地的物命；防非止惡謂之「戒」，護身正行。所以齋戒是保護身心不造業，從修口欲而茹素做起。（釋德仉編，2011:603-604）

藉由SARS疫疾爆發，人們面對死亡時的恐懼與擔憂，期望人們能以同理心將心比心，將「人傷我痛，人苦我悲」的情懷擴展到一切眾生。慈濟於2003年推出「同心共濟弭災疫——五月齋戒」，繼而推動「心素食儀」運動，以「尊重生命」為核心理念，從每日必需的飲食中來減少殺業並提升心靈，藉由茹素來長養大眾的慈悲、恭敬和感恩心。齋戒活動年年推動持續不斷，更於2016年開始推動「世界蔬醒日」，鼓勵全球大眾加入素食的行列。除了節制口欲不造殺業外，也喚醒大眾覺知畜牧禽養對大地環境所造成的破壞，為照護大地盡一分心力（潘瑜華、黃愛惠、巫慧俐，2016）。

在佛教，福田的培植可分為趣田、悲田、恩田和德田。趣田的對象泛指五趣六道眾生，悲田為貧病交迫之人，恩田是父母師長，德田則為聖人三寶。在無始以來的輪迴生命中，一切眾生都曾為生養自己的父母。「六道眾生皆是我父母，而殺而食者，即殺我父母」(《梵網經》，T24, no. 1484, p. 1006b)。當自己的父母陷墮三塗苦境中，若不救拔於情於理已不被認同，更何況殺害並食用其肉。《入楞伽經》云：「菩薩摩訶薩觀諸眾生同於己身，念肉皆從有命中來，云何而食？……觀諸眾生皆是親屬，乃至慈念如一子想，是故不應食一切肉」(《大乘入楞伽經》，T16, no. 672, p. 623a-b)。從緣起、無常、無我及自他不二中道的觀點，一切眾生都是育我養我成就我整全生命不可或缺的要素；從體性真如平等的觀點，一切眾生皆有成佛的可能性，而且佛國淨土須由眾生彼此提攜共淨心念共行善業而達成。能克制自己的口腹之欲，以不殺來拔除眾生對死亡的恐懼，以知恩、感恩、報恩心來報答其無始以來為父為母的養育，以慈悲心愛護照顧其現有的生命，以謙卑恭敬心面對未來佛。如此，透過「茹素蔬食」，不但破除自我中心的貢高我慢，也同時勤耕四福田，廣結與眾生間的善緣，亦培植未來共成佛道的所依境淨土的因。

（三）尊重自然

眾生與世界，心與境，相互交涉；依正二報，相應而現。《心地觀經》云：

> 以清淨心為善業根，以不善心為惡業根，心清淨故世界清淨，心雜穢故世界雜穢。我佛法中以心為主，一切諸法無不由心。（《大乘本生心地觀經》，T03, no. 159, p. 306bc）

天台智者大師以「一念三千」說明凡人日常的一念心即具足三千世間的性相。雖處人道，但如果心念與殺生等瞋心相應，是地獄界；與貪欲相應，是餓鬼界；與愚痴相應，是畜生界；與人倫道德相應，是人間界；與真如法界相應，則是佛界。為凡為聖、穢土淨土，皆不離心。

證嚴法師則指出人心與環境之間的連通性及互動影響關係，例如：

> 我常說宇宙如大乾坤，人心是小乾坤；大乾坤有溫室效應，小乾坤也有「心室效應」。天地間的「五濁」形成了溫室效應，每一個人內心的「五毒」則形成心室效應，當這兩股氣相互會合、互相牽扯，就形成業力的惡氣流。這樣的氣流將會產生很大的力量，甚至可以影響到大乾坤的自然現象。（釋證嚴，2015:284）

> 天氣是大乾坤，人的脾氣是是小乾坤，

雖然是小乾坤，人的脾氣不好，很多人聚合起來，就會共業變成了大乾坤的天氣異常。所以天地有天氣，人有脾氣，假如心態不調和，脾氣就很暴躁；天氣熱的時候很令人焦躁，人在發脾氣時，則像烈火攻心。所以修行要修什麼呢？要修脾氣，心態能調和，脾氣就溫和了。

人與人彼此之間，我生你的氣，你生我的氣，彼此互相發脾氣，這樣的心就是沒有有調好。心氣沒有調好，天氣怎麼能調得好呢？所以，我們要保護大地，也要調好我們的心氣。（同上，頁257）

雖是互相牽引彼此影響，但探究世間一切不調和的根源，以心為主導：

水、火、風三大災，是天然的災害，卻也是人禍造成的；天地之間氣候不均勻、人心不調，總而言之，罪的源頭都是來自於心。（同上，頁59）

當今世間的五濁現象起因於人心的五毒。戰爭、瘟疫、饑饉、道德式微、倫理淪喪、不敬父母、不持齋戒、不修善法、不畏因果等種種世間的亂相，都是因為無明覆蔽、見解錯誤、忘失智慧良能、迷失人生的方向、對物質的需索不知足、人與人之間不信任，從而造成人與人、人與物之間的對立，衝突愈演愈烈。

人心毒害造成世間五濁三災頻仍，人類被喻為宇宙生命中含藏劇毒的瘤（釋證嚴，2015:21）。如同唐朝悟達國師以三昧水洗滌人面瘡瘤，洗去冤結，證嚴法師提出行懺悔法，以佛法之水清淨學人的心地，去除邪見惡習，重新建立人與人、人與眾生、人與自然的關係。悟達國師造《慈悲道場水懺》，指引學人從拜懺當中知因識果，發懺悔心，洗淨煩惱垢結，契入本性真如。慈濟則將「慈悲道場」廣設在街頭巷尾普及全球，從日常的知善惡明是非中，反省自己的過失，改變自己的習氣，化濁流為清流，並讓清流繞全球，匯聚眾人的力量，一起淨化人心，從尊重生命、尊重自然的行持中，從做中覺，反觀自性，契入清淨佛心（釋證嚴，2010:16-31）。

懺悔基本上是要知所犯錯、徹底放下、永不再犯。換言之，懺悔包括覺知、承認及行動等知、識、行三面向。在認知上了解緣起、無我、無常、中道不二才是一切法運作的真正理則，承認從二元對立觀念而衍生以自我為中心的的身口意三業是造成今日困境苦果的主因，在心念及行為上轉化觀念、改過向善、改邪歸正。因為物我同根、萬物一體，推而得知人與人、人與眾生、人與大地在理體上具有平等一如的法性，在事相上則是緣起相依的生命共同體。在此認知下，同情共感不僅推己及人更能即物，不僅「人傷我痛」而且「踏地怕地痛」（釋證嚴，2015:253），不僅「六道眾生皆是我父母」而且「敬天如父尊地如母」（同上，頁28）。當自他物我不二的平等觀現前時，無緣慈與同體悲便由然而生，疼惜眾生與大地成為必然的行持。

天地生養萬物，人理當「敬天如父尊地如母」。近百年來，人類自以為萬物之靈、超乎天地之上、人定勝天，以傲慢私欲之心無所不用其極地掠奪大地的資源以為私用，不顧天地萬物乃為共同能見、共同依託、共同受用的共有財。共有財的運用應以全部權利關係者的最大福祉為考量。然而，自然環境雖是最大多數生命所共享的事物，卻受到最少的照護，最後資源的耗竭與環境的崩毀，又得由所有住眾共同承擔。美國生態學家 Hardin 以稱此為「公有地的悲劇」（Hardin, 1968）。

人類身為地球的一員，理當與其他成員合群互助，共同承擔照護地球、維持環境永續發展的責任。慈濟於

2007年起推動「克己復禮」運動。「克己」是內修，自我節制，以五戒十善守護身心，知福惜福、克制物欲、過簡樸的生活；「復禮」則是外行，本著尊重感恩的原則，禮敬他人、疼惜一切眾生及大地萬物。從而改善人際間及人與環境間對立、緊張、疏離的關係，重建對人及對環境的關懷倫理。

正見引導正行。除了證嚴法師的佛法開示，培育環保師資推廣環保教育也是慈濟社會實踐的要項之一。為使社會大眾對環境危機的議題有更深入的認識，以培養其關懷守護自然的態度。普及社區的環保站從最初只從事垃圾回收分類工作，發展成環保教育站，提供從小學到大學環保教育實作學習的戶外教室，推廣簡樸生活，落實「環保5R」行動：Reuse（延續物命）、Recycle（資源回收）、Reduce（垃圾減量）、Refuse（拒絕包裝）和Respect（尊重萬物）。以「尊重萬物」為核心理念，開展出對自然資源的珍惜，減少因過度開發而對環境造成污染和破壞，維護可持續發展的環境。透過生活化和行動化的環保實踐，從源頭的觀念和消費習慣下手，改善「盲目消費」「隨用隨丟」的社會風氣，讓「少欲知足」、「淨心地愛大地」的理念在人們心中生根。當觀念、態度和行為徹底修正後，方可能營造人與環境和諧共處的淨土世界。

（四）成熟有情

「善開方便門以顯真實義」，「從善門入佛門」自始至終都是證嚴法師所秉持引導學人的方向。以善法為「權」佛心為「實」，守護大地利他行善的旨歸是為了成熟有情，令其契入真性佛智，安住畢竟大樂。然而，如同法師所言：

> 佛法是如此圓融透徹的教育，卻讓人覺得高不可攀。我發願要接引人眾由善門入佛門，期使佛法能融入一般人日常生活中。（釋證嚴，2008:23）

以淺顯通俗的開示，透過日常生活的「教」育，讓人了悟人生的「宗」旨，此即宗教的意趣。慈濟所開展的四大志業八大法印，緊扣人生的生老病死與環境的成住壞空。從實踐中觀苦知苦，從而發起滅苦離苦之願樂。不僅自度，更要利他並兼善天下。善惡苦樂由心；「心惱故眾生惱，心淨故眾生淨」（《雜阿含經》，T02, no. 99, p. 69c）。所以佛說一切法，一切方便法門，都是為了這一念心的修持。「多用心」是證嚴法師開示圓滿前常提醒學人的一句話：

> 人能創造環境的美，環境也能塑造人的美。在惡劣的環境裡，只要有一群知足、祥和的人在其中，環境自然也會漸漸變成溫和、美好。希望每個人都能時常反觀自性，不要讓心馳逐於外。凡事要多用心啊！（自由時報，1998）

「用心」是入佛門的敲門磚。法師指出，修行的精髓就是「多用心」：「我給你們的法門只有一個，多用心。多用心法門，能一門深入，才能得到慧命的皈依處」（釋證嚴，1995:6）。

在四大志業八大法印的各項行持乃至個人日常的身口意中，念念不離予樂拔苦、濟世度眾、仁民愛物，期能透過眾人和合美善增上的業力，實現淨土在人間的理想。事行雖殊，用心一致。即事即理，事行當下所彰顯的就是慈悲、菩提、佛心。付出無所求，回歸一念清淨心，反觀自性，生無來處亦無滅處，從有限的生命，契入無限的慧命，即是行入大藏經，入佛法界。有情成熟，相應的國土必然也清淨。是故，「心法」是解決當前社會環境問題最根本也是有效的方法。

引用文獻

佛教藏經或原典文獻引用自「中華電子佛典協會」(Chinese Buddhist Electronic Text Association，簡稱 CBETA)2020 網路版。

《長阿含經》T01, no. 1。

《起世經》，T01, no. 24。

《分別善惡報應經》T01, no. 81。

《雜阿含經》，T02, no.99。

《大乘本生心地觀經》，T03, no. 159。

《佛本行集經》，T03, no. 190。

《大般若波羅蜜多經》，T06, no. 220；T07, no. 220。

《金剛般若波羅蜜經》，T08, no. 235。

《仁王護國般若波羅蜜多經》，T08, no. 246。

《大方廣佛華嚴經》，T10, no. 278。

《大方廣佛華嚴經》，T10, no. 279。

《大方廣佛華嚴經》，T10, no. 293。

《大寶積經》，T11, no. 031。

《佛說大乘入諸佛境界智光明莊嚴經》，T12, no.359。

《大般涅槃經》，T12, no. 374。

《菩薩從兜術天降神母胎說廣普經》，T12, , no. 384。

《自在王菩薩經》，T13, no. 420。

《維摩詰所說經》，T14, no. 475。

《佛說觀佛三昧海經》，T15, no. 643。

《楞伽阿跋多羅寶經》，T16, no. 670。

《大乘入楞伽經》，T16, no. 672。

《慈氏菩薩所說大乘緣生稻 喻經》，T16, no.710。
《梵網經》，T24, no. 1484。
《菩薩瓔珞本業經》，T24, no. 1485。
《大智度論》，T25, no. 1509。
《中論》，T30, no. 1564。
《華嚴經探玄記》，T35, no. 1733。
《新華嚴經論》，T36, no. 1739。
《注維摩結經》，T38, no. 1775。
《首楞嚴義疏注經》，T39, no.1799。
《俱舍論疏》，T41, no. 1822。
《成唯識論述記》，T43, no. 1830。
《華嚴一乘教義分齊章》，T45, no. 1866。
《華嚴五教止觀》，T45, no. 1867。
《摩訶止觀》T46, no. 1911。
《諸經要集》，T54, no. 2123。
《彌蘭王問經》，N63, no. 31。

自由時報（1998/3/17）。【紅塵自在】專欄（第 15 版）。

周柔含（譯）（2003）。佐佐木現順（著），**業的思想**。臺北：東大。

林益仁（1997）。解析西方環境運動及其與科學和宗教的連。**思與言，35**（2），313-347。

佛教慈濟慈善事業基金會（2018）。**慈濟 2016-17 永續報告書**。花蓮：佛教慈濟慈善事業基金會。

郭哲彰（譯）（2018）。**彌蘭王問經**（電子書）。臺北：中華電子佛典協會（CBETA）。可參考佐佐木現順（著），周柔含譯（2003），**業的思想**。臺北：東大。

楊冠政（2011）。**環境倫理學概論（上）**。新北：大開資訊。

楊惠南（2005）。禪宗詩歌中的「深層」意涵：一個「深層生態學」的考察。載於楊惠南（主編），**愛與信仰：台灣同志佛教徒之平權運動與深層生態學**（頁177-180）。臺北：商周。

楊惠南（2005）。當代台灣佛教環保理念的省思：以「預約人間淨土」和「心靈環保」為例。收錄於楊惠南，**愛與信仰：台灣同志佛教徒之平權運動與深層生態學**（頁250-251）。臺北：商周。

潘瑜華、黃愛惠、巫慧俐（2016）。世界蔬食始於餐桌食物。（慈濟基金會網站）

鐘丁茂、徐雪麗（譯）（2007）。簡樸生活，豐富人生—Stephan Bodian訪問Arne Naess實錄（上）。**生態台灣季刊**，14。

釋印順（2003）。**學佛三要**。竹北：正聞。

釋印順（2003）。**唯識學探源**。竹北：正聞。

釋法尊（1994）。**入中論講記**。臺北：慧炬。

釋昭慧（2011）。**初期唯識思想—瑜伽行派形成之脈絡**。臺北：法界。

釋德仉（編）（2007）。**證嚴上人衲履足跡‧2006‧冬之卷**。臺北：慈濟人文。

釋德仉（編）（2008）。**證嚴上人思想體系探究叢書第一輯**。臺北：慈濟人文。

釋德仉（編）（2011）。**證嚴上人衲履足跡‧2011‧春之卷**。臺北：慈濟文化。

釋德仉（編）（2012）。**證嚴上人衲履足跡‧2012‧秋之**

卷。臺北：慈濟文化。

釋證嚴（1995）。**靜思精舍常住二眾開示總匯摘要**。（民國八十四年三月二十七日之開示，未出版）

釋證嚴（講述）（2002）。**佛遺教經**。臺北：慈濟文化。

釋證嚴（2006）。**與地球共生息**。臺北：靜思人文。

釋證嚴（2006）。**東方琉璃．藥師佛大願：藥師經講記（下卷）**。臺北：慈濟文化。

釋證嚴（2008）。**真實之路：慈濟年輪與宗門**。臺北：天下文化。

釋證嚴（2010）。**法譬如水—慈悲三昧常懺講記（上篇）**。臺北：慈濟文化。

釋證嚴（2017）。靜思法脈．慈濟宗門。載於樓宇烈、赫曼．李奧納等（著），**慈濟宗門的普世價值**。臺北：經典雜誌。

Aitken, Robert. (1985). Thoughts on Buddhist Ecology. *Blind Donkey: Journal of the Diamond Sangha, 9(2),* 21.

Capra, F. (1995). Deep Ecology. In G. Session (Ed.), *Deep Ecology for the Twenty-first Century* (pp. 19-24), Boston & London: Shambhala.

Commoner, B. (1972). *The Closing Circle: Confronting the Environmental Crisis.* England: Cape.

Devall, B., & Sessions, G. (1985). *Deep Ecology: Living as if Nature Mattered.* Layton, UT: Gibbs Smith.

Ehrenfeld, David. (1978). *The Arrogance of Humanism.* Oxford: Oxford University Press.

Glacken, C. J. (1973). *Traces on the Rhodian Shore: Nature and Culture in Western Thought from Ancient Times to the End of the Eighteenth Century.* Berkeley, CA: University of California Press.

Hardin, Garrett James. (1968). The Tragedy of the Commons. *Science, 162* (3859), 1243–1248.

LaFleur, William R. (1973). Saigyo and the Buddhist Value of Nature. *History of Religion, 13*(2), 93-128.

McHarg, Ian L. (1992). *Design with Nature.* New York, NY: John Wiley & Sons Inc.

Naess, Arne. (1973). The Shallow and the Deep, Long-Range Ecology Movements: A Summary. *Inquiry: An Interdisciplinary Journal of Philosophy, 16*, 95–100.

Snyder, Gray. (1990). Smokey the Bear Sutra. In Allan H. Badiner (Ed.), *Dharma Gaia: A Harvest of Essays in Buddhism and Ecology* (pp. 236-239), Berkeley, CA: Parallax Press.

Tucker, M. E., & Grim, J. (1997). Preface. *Buddhism and Ecology: The Interconnection of Dharma and Deeds.* Cambridge, MA.: Harvard University Press.

Wallemacq, P. (2018). *Natural Disasters in 2017: Lower Mortality, Higher Cost.* Brussels, Belgium: Centre for Research on the Epidemiology of Disasters. (Retrieved from https://cred.be/sites/default/files/CredCrunch50.pdf)

White, Lynn (1967). The Historical Roots of Our Ecological Crisis. *Science, 155*(3767), 1203-1207.

大學生以行動展現保護環境的決心
上圖（2011）（慈濟大學提供）
下圖（2008）（攝影／顏福江）

第❹章
氣候變遷與慈濟環境思想[1]

林朝成

（成功大學中國文學系教授）

在全球暖化下的爭議中，災難社會已成為無可逃避的課題。災難 社會是指面對災難常態下的日常生活與生存處境。全球氣候變遷 與人類的總體作為已使得災難社會成為人們生存的重大挑戰。從九二一地震、八八風災到凡那比的災情提醒臺灣社會：未來生存的立基與生態、生產、生命息息相關。因應災難社會的重 建，需重建土地倫理並進行價值觀念的轉變。本文探討全球氣候變遷下佛教面對災難社會可提出的環境思想的傳統與現代的觀點，並就災難社會下生態民主與土地倫理的新課題，企圖從佛教無常觀、無明觀與平等觀的現代詮釋所引伸出的新思惟，建構災難社會下的佛教環境思想。

1 本文原題目為〈全球氣候變遷與慈濟宗門環境思想〉，原刊載於許木柱、何日生（編著）（2012），《環境與宗教的對話》（頁278-297），經典雜誌出版。為配合版面編排，原題目及內容編排略有調整。

此外，本文將以證嚴法師《與地球共生息》為例，探討慈濟在全球氣候變遷的省思與佛教環境思想的詮釋與實踐，並就其可能衍生的問題，提出未來有待釐清課題。

前言

全球氣候變遷是當今人類生存的危機。面對氣候變遷，當前的主流價值與制度體系正遭受極嚴重的衝擊，有識之士紛紛呼籲人類需要新的思維、新的生活方式、新的價值觀，以因應氣候變遷。消費主義、破壞性發展、利潤導向的文化將帶來地球的災難，內在價值的覺醒與轉變，正相應於全球暖化的認知與體認，[2] 從人心的根源尋求避開環境災難的方式，讓人們生起同情共感、地球共同體的世界觀，展現更高層次的利他與合作行為。[3]

宗教型塑了文化的價值觀，它如何以清晰和動人的用語表達一種人類與地球共處的合宜模式？宗教又如何面對氣候變遷，從自己的內部傳統闡釋環境行動、生態

2 自工業革命以來，由於大量溫室氣體被排放進入大氣中，導致大氣溫室氣體濃度增加，進而加強溫室效應，使溫度上升。這種全球尺度的問題，稱為全球暖化（呂理德等，2009:16）。

3 改變價值觀以因應氣候變遷，其重要性不容低估，它是對氣候友善的信念與希望的因子（看守世界研究中心，2009:162-166）。

保育與教義的共通性？[4] 這是宗教環境關懷所面臨的評價與行動向度的問題。

聯合國於2005年在美國舊金山舉辦「世界環保日」大會，慈濟是唯一受大會讚揚並被邀請上臺分享的宗教團體，證嚴法師自1990年推動「用鼓掌的雙手做環保」，20年來慈濟人展開的環保志業已擴展為「推動環保在全球」，並成就為慈濟人開闊的修行道場。證嚴法師如何詮釋環保志業的內在價值？又使用何種語言與具體行動表達教義與環保的契合？慈濟的環保站成為日常生活的修行道場，這種內在轉化的因緣與動力因子何在？面對全球氣候變遷，慈濟如何以「膚慰地球」的話語提出上位的整體理念？以上問題是本文想要詮釋和探討的課題。

環保思想與故事情節

「全球氣候變遷」包含龐大的概念群與引申的自然、社會現象，全球暖化就像人的體溫升高，發燒時可能呈現種種身體現象，而從全球尺度來談氣候變遷，其複雜度萬倍於身體發燒，並非科學所能清楚說明。雖然全球

4 這是指不離核心教義，洞察時代現況，對傳統有新的理解和詮釋；而不是有了新的教義，成為新興教派。

暖化的確定性仍存有爭議，但極端氣候所帶來的種種災難與危機，清楚呈現在各種破表的風災、水災、旱災、寒害，其因應之道已是全球共同關注的迫切問題。我國「氣候變遷調適綱要計畫」依層次分為三大目標、五大策略方向以及十六項行動計畫概要，其中所強調的認知是「**加強事前的衝擊調適能力，以及在災害過後，能夠儘速回復正常**」（柳中明，2009）。

「調適」（adaptation）意指改變政策與作法，以因應氣候的威脅與風險。這些改變有些是為了保護生計，避免生命損失，有些則是為了保護經濟資產與環境（看守世界研究中心，2009:264）。災害後能夠儘速回復正常所指的是「恢復力」（resilience），意指自然或人類系統面對重大改變時的生存能力（看守世界研究中心，2009:269）。一個有恢復力的系統必須能夠適應不斷變化的環境，發展出新的生存之道。面對世界現況時做出必要調適的能力。氣候變遷包含科學、經濟、政策、社會、生態、國土規劃……等各種領域，然各領域並不足以承擔這種過去未曾發生的困境，因此用更宏觀的視野，吸收各種現代科學以外的文化經驗探究宗教與生態關係，才有可能較全面思考問題，提出新的價值觀與解決方案。

證嚴法師1992年倡議「預約人間淨 土」，推廣環保護生觀念，珍惜地球萬物資源。探討「預約人間淨土」，筆者觀察到將「資源回收」轉譯成佛教語言的影響力：[5]

（一）惜福一向為佛教闡揚、提倡的美德。在農業社會，物資匱乏，惜福愛物、善用自然資源，已成為一悠久的生活傳統。這個傳統尚保留於國人的生活中，佛教的惜福觀念，顯然也是型塑此一傳統的重要因素，如今將它落實到環保的意義，是相當恰當自然的轉化。

（二）資本主義的消費觀與佛教的經濟觀的衝突。佛教的經濟觀立足於合理的使用，過於浪費物資也等於浪費了人的福報。因此以無限的物質資源為前提的消費觀與佛教的思想相衝突。以前由於資本主義的強勢，消費觀大為流行，如今，提倡「物資匱乏觀」的生態哲學，大力批判資本主義的預設，而且地球環境的惡化逼使人類不得不正視資源的持續使用問題，佛教的惜福觀便取得理論上正確的地位，不再陷入與資本主義的衝突中而心生困境，無所抉擇。

5「轉譯」意指「不同興趣取向的行動者之間，相互以自己的語 言說出對方的興趣」，這是受楊弘任的啟發的觀念，用來解釋慈濟宗門對環保行動意義的解釋和挪用，頗多切合之意（楊弘任，2007）。

（三）佛教的譬喻傳統的作用。譬喻是生態倫理學研究的重要方法，佛教的傳統善於譬喻，「物命」就是能打動人心愛惜用物的巧妙類比。法師們也常把整個自然界的山河大地類比成一個人的生命。舉例來說，高山大地如人的身體，溪川河流如人的血脈，樹林如同人的肺，而我們是生存在這大乾坤地球中的一個生命。這種譬喻法對環境意識的提昇，有著方便說法的大用。

（四）資源回收落實於個人的行動上，符合佛教的現實處境。佛教著重在個人的宗教實踐，對於公益事業較缺乏經驗與組織；基於惜物、愛物，因而慎用資源、回收資源，便把個人行動與整個公益事業、社會活動關聯起來，這種議題適應於臺灣社會的特性，所以容易推廣，慈濟功德會致力的垃圾分類、資源回收，都有成效。

（五）切合於臺灣人民的生活經驗。連年不斷的縣市垃圾大戰，街口巷道居民所丟棄的堆積如山的垃圾，這些已是都市居民所熟悉的經驗與噩夢，垃圾減量是個急迫必須解決的問題，資源回收的行動有著公共道德、秩序上的優先性。

然近十年來，證嚴法師在詮釋資源回收的意義時，已在其範圍和邊界做了挪移，「做環保不僅是疼惜物命、延長物命，同時也延長地球的壽命」、「和順天地愛地球」、「讓大地休生養息」、「地球老了」的話語成為共通的關懷，由「不捨」樹木被伐，轉為「疼惜」大地，「不捨」因而「疼惜」的定型句也不斷出現在慈濟人的言行中（證嚴法師，2010:29）。[6] 環保志工資源回收「不是撿垃圾，我們是在疼惜地球」的心境最能說明這種現象，「愛地球」成為慈濟人解釋環保行動時最終極的目的。「推動環保在全球」的慈濟人從「地球」的語言說出了環保的興趣，這種文化轉譯透過行動，傳達慈濟宗門的環境思想。

學者在研究臺灣佛教環保行動和環境論述時，引用 M. Haier「故事情節」的概念，說明臺灣佛教環境實踐的社會脈絡與社會過程（林益仁，2004）。「故事情節是一組具有再生產以及轉型能力的敘述，行動者借用它來綜合不同的說法，最後得以提出整合性的概念出來」（林益仁，2004:13）。「環保」是個環境論述總集，是個「故事情節」，其本質是隱喻性的，所以在資源回收、反核、賞鳥、濕地保護、節能減碳等不一定相同的脈絡，可以讓行動者敘述自己的文本和內涵。

6 這五年來，證嚴法師疼惜地球的思考和行動，已發展出慈濟宗門關心全球暖化的佛教知見，其內容詳見《與地球共生息》（2006）和《清淨在源頭》（2010）二本書。

然就「文化轉譯」的觀點，佛教要能說出傳統未明言卻可被詮釋的環境思想，原本就是一項「文化轉譯」的歷程，以自己的教義說出環境實踐的興趣，最有效的方法是「故事情節」的論述方式。佛教的「環保」論述，「故事情節」仍有其基本的脈絡規範與實踐邏輯，以免收束不住，雜亂無章，這便要由教義的「知識」和「倫理」兩個要項提供言說與行動的合理性。

證嚴法師在全球氣候變遷的情境下，「環保」的故事情節以「愛地球」為主軸，將各種行動的興趣以「愛地球」來統合總集。其宗教知識建立在「無常」與「共同體」的範疇上，「淨化人心」則是倫理的言說，為「愛地球」提供辯證式的倫理關懷。

「無常」是佛教的根本教義，但在佛教與生態的論述中，無常卻是未被重視的思想資源。以 M. E. Tucker 和 D. R. Williams 編著的《佛教與生態學》專書為例，在廣泛地探討南傳佛教、大乘佛教、禪佛教、美國佛教與生態的關係時，「無常」並不是主要的論述課題，由此可略知學界和教界對無常觀生態詮釋的忽視（林朝成、黃國清、謝美霜譯，2010）。

證嚴法師在其著作和講述中，大量闡明國土危脆，地球的衰老、地球的疲憊、地球不足以承擔人類貪婪的需求和消費，這都顯示地球的成、住、壞、空無常的狀態。就水災、風災、旱災、火災、土石流等等環境災難現象，[7] 證嚴法師以佛教地、水、火、風四大失調的傳統語言，說明人類如何傷害大地，心疼處甚至認為人類其實是「萬物的病毒」，人類應警覺地球的無常，正視自己所作所為帶來的地球的負擔與破壞。

然就「無常」的全球尺度來說，水災、風災、地震等天災地變，印證了佛經中壞劫的預示，也彰顯了一種生命共同體的感覺，地球任何一個國家受災，都會產生「共同體」的效應，造成連鎖影響。因此，佛教從緣起互依所呈現的一體觀，便可用來感受、理解地球的生命一體觀，用佛教的語言說出對地球的理解。

地球是一個生命共同體，人在認知地球、消耗地球的資源時，不是一個局外人，而是相互依存的關係。因此，人的行為便有其對地球的倫理責任。在佛教重視心

7 參見上引證嚴法師《與地球共生息》、《清淨在源頭》二書。「危脆」說明了地球的脆弱和危機，「脆弱性」（vulnerability）是指一生態系在社會遭受氣候變遷負面影響時面臨存續危機的程度，其意涵包括易受傷性與適應性（參見看守世界研究中心，《2009世界現狀》，頁270）。在此，是就一般佛教的意涵說明無常的危機和壞滅的趨勢。

靈的傳統中，種種貪、瞋、癡不淨的欲念，可說是人類造成氣候變遷、地球 災難的源頭，因此，淨化人心、改變人的價值觀、疼惜萬物、簡單生活、不被種種宰割、消費 不淨的心念所糾纏，這些佛教所能宣說和實踐的教導，成就了「愛地球」的倫理構面。「**災難的發生，是人禍在先，是人類先破壞了山林，才導致慘重的水患與土石流災情**」（證嚴法師，2006:2）。這並不是說「淨化人心」是唯心的取向，地球的災難現前，其對人類生存的威脅明顯易見，「愛地球」唯有在人心的向度上和地球對話，才能充分明白其依存關係，也才能透顯做為萬物一分子的人類所擔負的責任。

膚慰地球的故事佛學

由故事所構成的敘述力量一直是佛教傳播的重要方法。故事的連結所構成的詮釋則是重新解讀佛經，以自己的經驗探索、涉入的勇氣和流露的情感所展開的論述。故事的情節提供了生命的實況、社會歷史的脈絡和願景觀照下經驗與想像的元素，說故事的佛教所構成的行願往往激勵人心，建構了可以對話與多元詮釋的文本。

但在理論佛教精確詮釋與實修次第的描述與分判的

傳統中，「故事」常被解讀為通俗傳播的手段，也常因故事想像的因素而流為佛教文學的範疇。然而故事的敘述力量在引生德行與價值表述中，常因其經驗的脈絡和行動詮釋的象徵意涵，在故事中成就了思考與行動。本人在研究佛教的環保思想中，看到了故事在臺灣環保論述中所扮演的重要角色，尤其是在行動中成就的故事，更常成為敘述的磁場，撐起了倫理的架構，再讓知識和方法填補其內容。

花蓮靜思堂講經堂「佛陀灑淨圖」是慈濟的精神寫照，也是膚慰地球故事佛學的象徵。該圖的佛陀站立在虛空宇宙中，神情專注地看著地球，臉上呈露智慧之光，雙手莊嚴地灑淨地球，同時輕輕接觸球面，呈現愛心膚慰，深怕地球毀傷、破碎的樣態。佛陀身後隱約還有無數尊佛，依證嚴法師的詮釋，這是《法華經》「十方諸佛 歸於一佛，一佛分身可到十方世界」的精神，表達無限國土裡的千百億尊佛，都有共同的精神理念，皆懷有一分慈悲喜捨之心，皆共助來娑婆世界救度眾生的佛陀，愛護天地萬物，膚慰、淨化著地球（證嚴法師，2006:276-277）。證嚴法師很愛說「膚」，這種身體的語言，代表疼惜，疼入心裡的細膩的動作，有如她常說的：

「**就像孩子跌倒了，趕快來，媽媽來膚一膚**」，尤其是「阿嬤膚一膚」、「阿公膚一膚」那種心，這種疼惜、安慰還要陪伴、膚慰（見《慈濟年鑑 2001》）。

在溫室效應、全球暖化的世界現況下，證嚴法師想以「佛陀灑淨圖」凸顯佛陀透徹的精神面，在推展「愛灑人間」運動之後，證嚴法師便將「膚慰地球」作為慈濟環保精神的象徵，並作為故事文本詮釋，呼籲眾人覺醒，地球需要「膚慰地球」，這份精神的覺者，廣泛整合環保的思想與行動（證嚴法師，2006:280）。

《法華經》闡明佛陀來人間一大事因緣，及為眾生「開、示、悟、入佛之知見」，在「膚慰地球」的故事文本詮釋行動中，「開」意謂環保惜福，知道地球只有一個，應如何保護地球；「示」意謂示現萬物來自地球，終有窮盡時刻，為了後代子孫，必須保護地球；「悟」意謂瞭解人住在地球上，造成環境汙染，導致氣候不調、全球暖化；「入」謂開啟智慧，保護萬物資源，入清淨大愛，將淨心清泉源源不絕地繞遍全球（證嚴法師，2010:251）。以此方法，證嚴法師開示六波羅蜜、五根、五力的環保意涵（證嚴法師，2010:235-245），這便將佛教的語言系統用「膚慰地球」的版本給予文本的行動詮釋。

然文本詮釋不可忽略呼籲行動的文本原非只是理性的詮釋或語言系統版本的轉譯而已。透過行動的故事來填補我們有限的理性詮釋，在說故事的過程中互相學習膚慰地球的價值，並在故事的細節處留心人的憂慮、關懷、希望、欣喜，建構一體的親密關係，使實際行動透過關係與責任、網路與學習、集體記憶與成員共同體的融入，達成環境行動的籲求，才是膚慰地球做為行動中感受、學習的動人之處。因此，可將「膚慰地球」的論述視為對話式的結構，佛教淨化人心的倫理向度因地球生命共同體和無常的體認，形成淨化內心和保護地球共構式的對話。當證嚴法師說我們應有「走路要輕、怕地會痛」的心情、「靜坐時感受到大地會呼吸」，便例示了共同體的情感邏輯。當他說：「看見地球受災難，的確我們都很心疼，不忍心見到地球受毀傷，更不忍心許許多多的人受災殃」(證嚴法師，2006:87)，這種「不忍」、「不捨」的心境是以關懷為存有的優位。在對話中，故事佛學擴展了多文本的詮釋空間，也相應籲求行動的訴求。當全球氣候變遷，進入暖化的世界，災難常態化，生存問題成為主要問題與問題根源時，慈濟宗門「膚慰地球」的環境思想展現了新的價值觀和新的生活態度，其理論和行動的潛力值得我們的投入與更深刻的省察。

在地生成的日常生活實踐[8]

慈濟宗門的環境思想，志工人生過程的實踐扮演很重要的角色，志工行動的故事提供證嚴法師講述的活教材，從社會各階層來的志工，每個人帶著不同的生命故事進入環保站。環保站如道場，每一處都有許多生命轉化的故事。透過環保站的故事，證嚴法師開啟資源回收的大門，廣納社會大眾踏入環保修行的方便法門。有如書中失明的阿靜師姊的故事，她用心地做資源回收，「努力做不是拚業績，是拚心清淨」(證嚴法師，2010:194)。環保站不只是提供資源回收的功能，它進一步成為人與人之間情感交流的聚會所，環保成為在地民眾參與慈濟的易行道，它為開闊的修行道場，淨化人心與拯救地球交融在行動的認同與意義詮釋中。由於志工回應證嚴法師的環保理念，豐富的理解和詮釋環保的作為和實修的細節，自發生成社群的力量。慈濟志工的環保實踐堪稱滾動式學習的典範，志工同儕間的互動，成就了在地生成的志工事業。吳青泰田野調查經驗常聽到環保志工指出「我覺得上人會想這麼

8「在地生成」的觀念，受吳青泰的啟發，他從操作系統、歷史發展、生命處境和在地網絡觀察慈濟環保的在地生成的脈絡，恰當地詮釋慈濟環保志工的角色（參見吳青泰，2010）。

做！」志工內在生成的證嚴行願，正是他們對證嚴環保理念的詮釋與內化（吳青泰，2010:89）。

「環保」的故事情節搭起平臺，使得現前的善心有了共同實踐、交流的憑藉。在實踐中所產生的豐富意義以及社會關係已超越了原初的意圖。當 Dutch Leonard 教授說：「慈濟是一個由理想引導來引導組織，上人（證嚴）以無常觀，把當下的心念面對人生與環境，才使得慈濟志業不斷創新」，證嚴法師則謙虛地回答：「並非我給了別人理想，反而是很多人給予我理想」（釋德佩，2009:213）。以此說明志工在環保行動上的重要性。志工合力生成的故事不斷地充實、活化慈濟的環保情節，使「環保」取得了行動詮釋的正當性。

環保志工的日常生活實踐，彰顯了慈濟環保的社會關係脈絡，在這脈絡中，「草根菩提」最能說明「環保」如何構成生命敘事，並回應膚慰地球的主張。

「草根菩提」是大愛臺記錄環保志工故事的節目。為什麼稱「草根」？依證嚴法師的詮釋：

> 就是縮小自己，但求保護大地。大地需要各種植物，除了綠葉能行光合作用、吐新納垢之外，在地下的根能保護水土；無論大的樹、

> 小的草根，都能發揮良能。環保志工很謙卑，放下身段，為了這條菩提道而覺悟——人人生存在大地卻也是人類破壞大地；唯有行入人間的菩薩能保護大地。（證嚴法師，2010:163）
>
> 菩提是覺悟的意思，大家都已有所覺悟，地球是我們共依共存的土地，要用心呵護；環保志工就是保護大地的菩薩，所以叫做「草根菩提」。（證嚴法師，2006:126）

「草根菩提」彰顯環保志工主體的地位，紀錄片的故事有如手工的補綴，在膚慰地球的故事情節中穿梭，引導著故事文本的進行，保護大地的菩薩，也就是紮根在地，發揮良能的草根菩薩，以行動訴說在地的實踐方式，注入了疼愛地球、不忍心地球受毀傷的清泉活水。「草根菩提」讓觀眾成為參與者，成為分享的一員，進而成為行動者的家族，依此言說行動的力量，不斷精進也不斷豐富環保思想的內涵。不是主張，而是日常生活的實踐，構成了故事的力量。

在人人依存土地的自覺下，環保志工參與慈濟環保思想的寫作與型塑，因此，膚慰地球的版本將因志工合力生成的行動，不斷翻新，它是個開放的結構，接納全球氣候變遷下的新價值觀，也以佛教行動的文本，凸顯人類對大地的感恩與不忍之心。

結語：心室效應視野下的全球氣候變遷

證嚴法師善以行動引申言說，由言說端正倫理意向和教義詮釋，從「溫室效應」引發的「心室效應」譬喻，正是故事佛學重要的象徵元素和言說行為。「心室」是指眾人的心念所凝聚、交纏所匯聚成的力量：

> 心靈的濁氣就像溫室效應一樣，和我們心裡無邊的欲海互相接觸，結合在一起，就造成了心靈災難。（證嚴法師，2006:272）

> 溫室效應其實來自於人的「心室效應」，一念惡是一分濁流，一分善就是一分清流。善的「心室效應」愈強—人人匯聚善的心念：互助、互愛、感恩及尊重，就能沖淡「溫室效應」，締造平安與祥和。（證嚴法師，2006:190-191）

從「心室效應」的視野關懷全球氣候變遷，慈濟宗門提出以互助、互愛、感恩及尊重創造共善，從地球共同體的體認，透過人心的轉化，探究「溫室效應」災難的根源，慈濟宗門可說充分發揚「心淨則國土淨」的氣候變遷詮釋模式。

「心室效應」可視為「希望佛學」的開端。「希望」源自能導向生命與信任的內在力量，其可超越目前的困境，培養生命的省察與洞見，賦予人意義感與幸福感。[9] 由證嚴法師和志工眾人合力所創建的慈濟宗門，正是從「心室效應」看待全球氣候變遷，其心疼急切，來自於對人性的覺悟的可能、「和氣」化解濁氣的倡議與重建心靈資本的期待，這種籲求共善的宗教情懷，是種希望的宗教，它將使我們產生有力感，從環境行動中實證佛教的教導。

引用文獻

呂理德等（2009）。**關鍵時刻：氣候變遷，臺灣準備**。臺北：余紀忠文教基金會。

林益仁（2004）。環境實踐的「全球」與「在地」辯證：以法鼓山的「環保」論述為例。**臺灣社會研究季刊，55**，1-46。

林朝成、黃國清、謝美霜譯（2010）。**佛教與生態學：**

10 參見K.Herth（1993）。許世璋（2005）在研究環境希望對環境教育的重大意義的專文中，對「環境希望」定義為「在解決環境問題的過程中，一種內在的力量，使人得以超越目前的挫折，並且是一種建立在真實的基礎上，對於實現美好未來充滿信心的期盼。

佛教的環境倫理與環保實踐。(原著為 Tucker, M. E. and Williams, D. R. (eds.) *Buddhism and Ecology: The Interconnection of Dharma and Deeds.* 哈佛大學世界宗教研究中心於 1997 年出版。)臺北：法鼓文化。

吳青泰(2010)。**「淨土在人間」的思想與實踐—探析慈濟環保運動**。慈濟大學宗教與人文研究所碩士論文。

看守世界研究中心(2009)。**世界現況：進入暖化的世界**。看守臺灣研究中心、台灣師大翻譯研究所、輔仁大學翻譯學研究所(合譯)。臺北：看守臺灣研究中心。

柳中明(2009)。我國氣候變遷調適綱要計畫。載於**關鍵時刻：氣候變遷，臺灣準備**(頁 108-146)。臺北：余紀忠文教基金會。

許世璋(2005)。大學環境課程成效之比較研究：著重環境行動、環境希望及其相關變項之成效分析。**教育與心理研究，28**(4)，617-643。

楊弘任(2007)。**社區如何動起來**。臺北：左岸文化。

證嚴法師(2006)。**與地球共生息**。臺北：天下文化。

證嚴法師(2010)。**清淨在源頭**。臺北：天下文化。

釋德仉(2009)。**證嚴上人衲履足跡 2009 冬之卷**。臺北：慈濟文化。

Herth, K. (1993). Hope in older adults in community and institutional settings. *Issues in Mental Health Nursing, 14*, 139-156.

慈大王本榮校長與學生鋪設連鎖磚美化校園環境
（慈濟大學祕書室提供）

慈濟大學落實環保理念（慈濟大學祕書室提供）

第❺章
慈濟學校的環保教育

江允智
（慈濟大學通識教育中心副教授）

自1966年創立迄今55周年的慈濟體系，已發展出慈善、醫療、教育、人文四大志業，其後又加上骨髓捐贈、國際賑災、社區志工、環境保護，合稱四大八法。四大八法雖名稱與功能有別，但各志業與法印之間合和互協，相互成就彼此，落實「內修誠正信實，外行慈悲喜捨」的佛教精神，構建全方位的慈悲濟世體系。

證嚴法師從1972年就在花蓮市仁愛街展開義診，從慈善走入醫療，佛教慈濟綜合醫院於1986年8月啟業。鑑於東部地區缺乏醫療與相關專業人才、民眾就醫不便，以及教育資源不足，於1989年成立慈濟護理專科學校，進而於1994年成立慈濟醫學院，以培育優秀醫護人才，增進東部地區鄉親的福祉。到了2000年7月，完成幼稚園、小學、中學、大學以迄研究所之全程、全面、全人的慈濟學校教育體系。

慈濟學校教育體系都立基於共同的理想和目標：建立以「慈悲喜捨」為校訓，以「尊重生命、肯定人性」為宗旨；以「品德教育、生活教育、全人教育」為目標的優質教育。

在慈濟教育體系的辦學理念和願景中，環保人文教育是慈濟極為重視的一環。本書第一章已扼要說明慈濟環境保護的理念、發展過程與重要貢獻。在證嚴法師的呼籲下，慈濟的環保理念透過不同的組織運作而獲得實踐，例如全球環保站與志工的投入、大愛感恩環保科技公司的積極配合。作為慈濟四大志業一環的慈濟教育體系，環保教育是所有慈濟學校都極為重要的核心項目，而且多年來都分別獲得環保大學、環保績優學校的殊榮。

環保教育的理念

環保教育是在生活中落實全人教育的重要展現，不只是在個人知識學習領域上能建構永續發展的價值觀，同時在個人行為表現及內在精神上發揮對人文及生命的關懷與實踐。環境「永續發展」是當前全球環境保護的思潮與行動，如何透過教育培養具「生態素養」的下一代，是拯救環境危機的根本之道。

聯合國教科文組織（UNESCO）認為環保教育是「一種教育過程，在這過程中，個人和社會群體瞭解他們的環境，以及組成環境的生物、物理和社會文化因素間的交互作用，並得到必需的知識、技能和價值觀，進而能透過行動，解決現在和將來的環境問題」。這個環保教育觀點與慈濟學校的環保教育不謀而合。

慈濟學校的環保教育除了自然研習、戶外教學與環境知識的學習之外，更強調個人生活教育的落實，並透過集體行動以緩解環境問題。在知識層面上，透過科際整合教育的觀點分析科學—科技—社會的環境問題，在應用層面上，則透過公民社會的連結與問題解決運作過程學習，最終能在生活中實踐環保。這個整體觀顯示慈濟學校的環保教育具備了全民教育與終生教育的性質，與全人教育的理念與目標相輔相成。

慈濟學校的環保教育理念與策略獲得國內外肯定，慈濟大學力行環保，不只硬體以綠色建築為最高原則，每年還開設環保永續課程、辦理環保教育活動，獲得行政院頒發「107年國家永續發展獎」，是東部唯一獲獎的大專院校。2019年在THE世界大學影響力排名第67名（國內大學排名第一），展現慈濟教育體系的前瞻思維與內涵。

二十一世紀應該是一個「全人」教育的世紀，因為全人教育不僅是專業教育，更要透過環保教育啟發人的「良能」，成就身心健全的完整人格；透過環保教育從淨化的心靈到淨化的社會，從善美的教育建立善美的人格。慈濟學校的環保教育最終希望展現的是彼此尊重的生活涵養，人與人之間真誠的「人本、尊重、感恩、大愛、關懷」，是全人教育的終極理想。

全人的環保教育

慈濟學校如何達成「全人」環保教育？我們透過五教具進全方面涵養人文的環保教育推動：「言教」用言語來傳道、授業、解惑，也就是慈濟學校中的正式課程；「身教」以身作則提供榜樣、楷模、典範供學生學習，這點也是全世界只有慈濟學校獨有的特色；「境教」塑造良好的慈濟人文與環保永續發展潛移默化的環境，讓學生在耳濡目染之下建立適切的價值觀；「動教」做中學是慈濟學校教育的一大特色，讓學生在實習與見習過程中體會所學，培養態度與價值觀，更於生活中實踐；「制教」消極目的是維持學生在學校最基本的環保行為，積極目的則是培養學生自治的能力及良好的習慣，使學生能自我發展生活中實踐環保教育的模式。

環保教育對學生的價值觀與習慣養成尤其重要，而學校更應建立綠色生活的設施與規定，同時落實資源回收、節能減碳、環境防災與安災及減緩全球暖化與氣候變遷等具體作為等「境教」與「制教」。

慈濟大學及科大不但將境教與制教融入高等教育，更透過通識教育課程進一步達成包括「言教」、「身教」及「動教」的五教並進，促使校園中每一份子積極主動瞭解人與環境之相互關係，產生對環境負責任的行為模式，以具體行動解決環境問題，達到資源的永續利用。

在五教並進的實踐過程中，證嚴法師從 1990 年「用鼓掌的雙手做資源回收」的呼籲，不僅迅速獲得慈濟志工的行動迴響（參見本書第一章），並持續推動而成為保護地球尖兵的環保志業，慈濟許多環保措施都成為「境教」的重要參考模式。

作為慈濟體系的一環，慈濟所有學校都力行慈濟環保理念，特別是「節能減碳」，更是所有慈濟學校都竭盡所能加以落實的措施。下一節以慈濟大學為例，具體說明慈濟教育體系的環保措施。這些積極的環保行動是「境教」的重要元素。

慈濟大學的環保措施

在慈濟學校中，不論是大學與附設中小學幼兒園或是科大等，總務處都能與通識教育中心等教學單位密切配合，將校園中的能源管理、環境品質管理、水資源管理、廢棄物管理及防救災系統等，都能發揮教育功能達成「境教」。相關具體推動成果扼要說明如下。

一、環境管理政策

（1）**建立環境規劃方案：**

慈濟大學與慈濟科技大學都成立「綠色大學、永續校園推動管理委員會」，慈濟大學自98學年起更成為東部第一個行政院認可的「綠色大學」。推動委員會每年擬定綠色大學各項措施，勵行環保節能減碳，促進校園永續發展，擬訂校內外綠色大學各項推廣工作，亦將各項環境影響評估審查意見、承諾事項、環保教育管理成效、環境保護問題及因應措施，納入會議檢討、追蹤和決議相關執行事項。

（2）**環境稽核制度**：成立節約能源推動小組會議：定期召開會議，檢討大學能源使用情況，並研議節能技術、改善對策與措施。毒性化學物質運作管理委員會：審查各單位之毒性化學物質使用、製造、儲存、廢棄等運作行為，及研議相關之安全衛生管理事項。每年接受花蓮縣環境保護局環境影響評估追蹤監督查核。

（3）**綠色採購執行制度**：優先採購具綠色、環保、節能及節水標章之產品，包含節能電器、節水設備。

（4）**校園綠美化與生態化規劃**：每學年依植栽成長、颱風災害受損狀況，檢討修剪、補植及增加美化植物。為完整校園生態與植栽管理，以及增進員工對樹木之修剪、待移植樹木斷根、補換植樹木區位檢討、花卉種植等準備工作能力，總務處與教學單位密切配合辦理內、外部教育訓練，以促進校園生態的檢討與改善。

二、空氣品質管理

（1）**實驗室氣體排放管制**：在大學與科大的教學實驗場域，為改善通風與有害氣體濃度，透過送風及抽風效能測試，更新及調整出風口位置，有效降低福馬林氣體的滯留，提供最佳實驗室教學環境，另增設甲醛檢測紀錄之設備及軟體程式，同步更換排氣設備，提高排氣效率，降低甲醛濃度。

（2）**室內空氣品質管理系統**：大學與附設中小學及科大依據內政部建築研究所推動之「既有建築物智慧化改善計畫」，將存有室內環境空氣品質問題的密閉式場所、教室列入改善目標，改善方式主要為裝設 CO2、溫度、濕度自動感知器及外氣循環箱等設備，並將環境監控系統與電能管理系統整合，以達到室內空氣品質及空調箱用電量的最佳平衡。

（3）**室內空氣品質監測**：慈濟大學遵循環保署於2011 年制定的《室內空氣品質管理法》，校本部圖書館為主要的列管場所，管制區域為圖書館之建築物室內空間。大學依規定完成定期申報作業，並且配合花蓮縣環保局例行稽查作業，進行定檢點 CO2 濃度檢測，更將相關過程與通識教育中心相關課程結合，作為環保教育課程的實踐場域。

三、水資源管理

（1）**節約用水及回收水的使用**：

所有慈濟學校的建築物都設置筏基並儲存雨水回收再利用、採用具省水標章的用水設備，包含兩段式省水馬桶、感應式水龍頭，或使用水龍頭節流器等降低舊式設備用水量。

大學與附設中小學共用的體育館游池設置中水回收裝置，將泳池排放水回收至活動中心既設雨水回收池，再供應活動中心、學生宿舍廁所沖刷及校園草皮澆灌使用，相關設備均與教學單位通識教育中心課程合作，作為教學實作場域。

以上裝置所回收雨水、中水皆用於校園大量用水處，如廁所馬桶沖洗及園藝澆灌用。此外，由於花蓮地下水資源豐富且水質優良，大學與科大均引進地下水源平衡使用，更於雨水不足期間將回收水溢注雨水井。而節約用水成效，在全國大專院校中名列前茅，展見境教的教學成效。

（2）**廢污水處理與監測**：

慈濟學校校園內都設置污水處理廠。慈濟大學的污水處理廠設於中央校區，位置適中排水良好，採用二級生物處理法，處理建築物包括宿舍區、與醫院共用的同心圓餐廳、靜思堂、教學區、運動區等污水。二位同仁持有專業證照，負責本污水處理場之相關操作與行政工作，更與通識教育中心相關課程結合擔任業師，將大學污水處理的生物分解與循環利用等作為教材。花蓮縣環保局不定期抽檢結果，每日排放水均符合放流水標準。校內餐廳設有油脂截留器並定期清理，殘渣油脂清理後，餘水再排入校內廢水處理場處理。

（3）**飲用水水質**：專人定期進行濾心更新及每週飲

水機清潔維護，以確保飲用水品質。依法規規定，委由外部廠商抽檢全校飲用機水質，近年大學飲水機檢測合格比例均達 100%。相關管理與檢驗皆與通識教育相關課程結合，作為教材一部份。

四、廢棄物管理

（1）垃圾分類執行策略：

慈濟學校不論大學、科大、中小學均將垃圾分為：「資源回收」、「一般垃圾」及「廚餘」三大部份，並訂有「師生維護校園環境清潔實施要點」、「教室整潔暨資源回收實施細則」及「學生宿舍資源回收細則」，由總務處庶務組及學務處生輔組監督管理。

（2）廚餘或落葉處理：

每日由學校聘請的清潔公司工作人員將各資源回收筒旁的廚餘桶回收物及清掃的落葉集中再統一送至堆肥場，堆肥場採自然發酵法將廢棄物化作成肥料，再施用於校園植栽綠化培育，堆肥製作及利用均作為環保教育重要的實作單元及教材。

大學自 101 學年起在教學單位配合課程教學，利用回收的廚餘加上木黴菌，使廚餘能在短時間內發酵，之後轉做有機肥使用。102 學年更利用回收廚餘製作環保酵素：利用鮮廚餘回收後加黑糖及水製成環保酵素，發酵後的環保酵素以500倍稀釋後，可用於植栽施肥（液態肥）及充當廁所清潔劑。

（3）一般垃圾與無害廢棄物處理：

大學與科大都訂定「推行垃圾減量友善校園環境實施要點」，管控處理校園一般垃圾及無害廢棄物，且相關處理均與通識課程結合作為教材。實施對象包括一般垃圾及實驗動物中心所產出的墊料處理。

（4）垃圾減量：

在慈濟學校中各學校均有訂定「推行垃圾減量友善校園環境實施要點」，實施垃圾減量政策，落實校園活動不提供一次性餐具及包裝飲用水，與自備環保杯盤，或請廠商提供重複使用餐具為原則，並確實校園資源垃圾分類回收。

以大學為例，實施前之95年度之垃圾量為19萬多公斤，96年度第2學期開始實施，至97年7月年度結束，垃圾量減為14萬多公斤，減量達4.6萬公斤。97學年總務處及通識教育相關課程再加強宣導，97學年度進一步減至9.6萬公斤，比前一年減少4.7萬公斤，減量約為總量三分之一。近年平均每人每月一般廢棄物產出量控制在1.8公斤，顯示境教在環保教育中的成效。

（5）資源回收處理：

大學與科大教學與行政區垃圾桶均將回收物分門別類標示清楚，清運過程則由委外之清潔公司再進行檢視分裝至垃圾場或資源回收場，後續由專職人員進行細部分類回收。宿舍區垃圾資源回收，大學部分由學務長與教官帶領學生熱烈參與從不間斷。對於資源垃圾整理回收販賣之經費，列入學校其他項收入部分作為教職員生之福利，學生宿舍區經費則由「學生生活協進會」管理運用，落實境教的學生學習與參與。

（6）資源回收再利用：

為有效推動及落實廢棄物減量及資源回收再利用之理念，從學校的行政部門率先做起，且考量能落實在學生生活中的項目，引領整個學校落實行動。各類回收行動主要包括：(a) 圖書館設置二手書平台及每年辦理二手書贈閱活動，增加師生舊書再利用的機會；(b) 設置二手信封及二手紙回收再利用，鼓勵惜物愛物；(c) 每年定期整理廢棄腳踏車，整理後延續物命拍賣給師生使用，餘送資源回收或環保站；(d) 宿舍區於畢業季節設專區回收制服及生活用品，再免費提供給有需求的同學索取，以延續物命；(e) 報廢財物再利用：總務處保管組將各單位報廢財物，整理後將堪用物品資訊公告於網頁，提供其他單位認領使用。

堪用的報廢課桌椅及電腦主機等，則公告拍賣給教職員生使用。自106學年起另依外部單位的需求，將汰舊課桌椅捐贈予花蓮鳳林火車站，汰換電腦主機贈予慈濟花蓮人文真善美共修處與北濱國小，汰換桌球桌予佳民國小，媒製中心將攝錄影機1批轉贈台東復興國小作偏鄉教學服務，以提升高教公共性及延續物命。

(7) 全校區「環保、綠化活動」：

包括：(a) 活動、會議不使用杯水、瓶裝礦泉水，點心、訂餐使用環保餐具；(b) 各樓層設置辦公室及教室共用之資源回收筒，將資源垃圾分類回收；(c) 各辦公室及教室廢棄辦公設備，由營繕組或電算中心鑑定堪用或報廢，再由保管組辦理移轉單位使用、標售、轉贈、下腳料等方式處理，儘量達成延長物命再利用；(d) 學校各辦公室、實驗室及教室等使用文具由保管組統一採購，以具環保或節能標章者優先採購；(e) 行政與教學大樓公共空間由總務處放置盆栽綠化，其他空間各單位自行綠美化辦公室空間；(f) 設置二手紙回收箱供師生取用；(g) 校園公務用影印機設置讀卡機管制使用，每月總務處文書組統計各單位影印量並分析檢討；(h) 學校備有可重複清洗使用之杯子、碗盤、筷子、叉子及大型茶桶等，供師生辦理活動時借用。

五、有害物質管理：

實驗室廢棄物進行嚴格管理與有效處理，除管理人員持有相關證照外，管理制度與運作也承上級單位之支持與使用單位之積極配合執行，包括各種毒性化學物質依規定做中英文標示、置於存放櫃內並上鎖管理、藥品罐上標示相關物質名稱及圖示，並備置物質安全資料表以供查閱，廢棄物不得進入污水處理池，而是安全存放並合法託運處理，以保障環境之安全。透過完整的管理與標示，養成學生對有害物質與實驗室環保的正確觀念與行為。相關物質的嚴格管理包括：毒性化學物質、有害事業廢棄物（含感染性廢棄物、實驗室廢液、放射性廢棄物等三類）等。

六、能源管理：

(1) **綠色能源發展**：校園內持續增加再生能源利用，早期設置市電併聯式太陽能發電系統及太陽能路燈，相關利用情形都以透過圖像儀表化作為教學展示；

108 學年起更響應政府綠能政策推動屋頂太陽能計畫，將大學人社院校區與中小學校區內建築物屋頂大規模設置太陽光電，成為花蓮地區最大的屋頂太陽能利用示範場域。

（2）**校內行政電子化**：校外來文全面採用電子公文交換系統，包含公文內部簽核及校內簽呈到函稿簽核、發文，均採電子化作業。校務行政系統電子化，校內行政作業及申請表單均轉為電子化流程，減少紙張消耗。

（3）**校園共乘制度**：中央校區與人社院校區間，每日提供固定班次免費校車服務師生往來。配合兩校區通識課程開課時段，安排接駁車接送學生上課，兼顧節能減碳與交通安全。對於參與人數較多的校園活動，如校慶、畢業典禮、十公里路跑等大型活動，皆實施大眾運輸方式，落實節能減碳目標。

（4）**節約能源措施**：

A. 節電措施—主要包括：依全校用電需求調整供電系統的電容量；將舊型燈管更換為節能 T5 或 LED 燈具、廁所照明自動點滅控制、地下停車場照明時間與燈具數量控制；實施電梯節能管制、汰換老舊空調設備圾主機冷卻水泵更換適宜容量。中央空調採取節能管理原則，依季節溫度於必要時段開啟，06 學年統計全年省電 60 萬度。建置電能管理系統，在顧及教學需求原則下，合理管控開放時間。

B. **節油措施**—為減少空氣污染及節約用油費用，宿舍及體育館淋浴用水改設置熱泵熱水系統，每年減少用油約 24 萬公升。動物實驗中心於 104 學年汰換貫流式鍋爐為熱泵設備，降低空調負荷、節省油電用量，平均每年可減少用油約 10 萬公升。

C. **智能照明管理**—圖書館、廁所的照明採用感控系統，維持健康舒適的節能環境。校園路燈裝設自動點滅器，設定以時間、環境照度雙重管控路燈啟停時間。

D. **節能家電採購**—除特殊規格設備，新購冷氣機、冰箱等設備，均採購使用環保冷煤之機型。照明燈具一律採購 LED 或省電型燈具。

E. **建築外部節能**—將原有不保水之硬面屋頂改為綠屋頂，整合糧食生產、堆肥製作外，可減低紫外線和高溫炎熱對屋頂防水層的傷害，並減少冷氣使用，有效達成節能目的。

慈濟大學的環保教育

上文提及慈濟教育強調境教、言教、身教、動教和制教的「五教並進」。上節已扼要呈現慈濟大學的各種環保措施，為慈濟教育體系的「境教」提供了重要的軟硬體基礎，其他四教則從學習的角度進一步強化了師生的環保意識與生活實踐。下文再以慈濟大學為例，扼要說明慈濟學校環保教育的言教、身教、動教與制教。

言教

慈濟學校環保教育中的「言教」主要是透過課程與教學推動，在大學及科大透過通識教育，而中小學則將慈濟環保理念融入教育部課綱單元中實施。

以大學及科大為例，皆以通識教育為中心，彙整總務處與學務處之環境保護活動、社會教育中心之推廣課程、服務學習與服務性社團等相關資源，透過正式、非正式及潛在課程推動環保教育。在課程教學部分，則以環境教育學程彙整全校教學資源，結合環保教育站、校園節能策略教育展示、校園素食與友善環境管理措施、食物森林及校園生態區等，融入相關課程且形成大學與科大特色課程，引領同學仔細觀察自然環境認識地球及生態系統之自然運作法則、瞭解人類發展與環境之互動關係，並學習人類永續發展之道。除此之外，每學期均會邀請各界人士舉辦永續發展與環境保護等相關議題相關主題專題講座或工作坊，並開放外校共同參與。

相關具體成果概述如下：

（1）大學於100學年度正式開設環境教育學程，修畢學程學分之學生得依環境教育人員認證及管理辦法第四條規定：以學歷申請環境教育人員認證。並以環境教育學程為中心整合校內相關環保教育課程。

（2）逐年增加結合地方文化、環境特色、永續發展等相關議題之通識選修課程，如環境倫理、地球與自然科學、植物科學、綠色消費、永續社區與生活、綠色科技與在地經濟實務、食農校育、環境教育體驗等創意特色課程，指導同學觀察自然環境，瞭解自然生態運作法則，並與生活結合，將能建立「順天應人」的永續生活，認識地球及生態系統之自然運作法則、瞭解人類發展與環境之互動關係，並學習人類永續發展之道。

（3）大學「自然環境概論」開設通識必修課程，促進師生的環保素養；而大一必修課程「慈濟人文暨服務教育」課程中安排學生進行資源回收、淨灘、清淨家園、慈濟環保站體驗志工服務等活動，使學生在實做中學習維護環境生態，促進環境的永續性。

（4）建立自然教學領域教師社群，舉辦校內外教師交流活動會議：邀請專家學者與任課老師腦力激盪，相互觀摩學習，以增加老師群環境教育教材教法的能力。

此外並透過下列活動進行宣導與推廣：

（1）舉辦環境保護、永續發展相關議題專題講座：大學每學年以時事環境議題及增進永續環境意識之主題，邀請各界人士舉辦相關議題之專題講座或工作坊，近三年平均辦理 70 場以上。

（2）舉辦全校性創意環境保護宣導競賽活動：由通識教育舉辦系列創意規劃競賽活動，101-103 學年共舉辦 3 屆「環境素養我最強」海報、論述及影片徵選活動，103-106 學年共舉辦 6 屆「友善校園環境改善」競圖活動，激發學生思辨能力，鼓勵參與發展綠色校園及永續社區行動，以提昇學生的環境素養，並喚醒與增進其對環境意識、永續之認知。

（3）學務處生輔組每學期舉辦教室清潔維護競賽。

（4）舉辦「清淨家園」社區服務活動：大學賡續行政院

環境保護署於95年發布之「清淨家園全民運動計畫」，自96年起，每月辦理一次「清淨家園活動」，至今未曾中斷，邀集全校教職員生共同清掃校園週遭環境，以實作方式落實環保教育，服務社居里民，維護環境衛生，提升居住社區之生活品質。

（5）每學年於新生營時向新生進行校園環保，落實分類宣導外，另特別安排住宿新生於夜間時段，實施環保教育及分類實作課程。

（6）配合高教深耕經費，於二校區分別設立不同主題環保永續教育展示區。

身教

環保教育中，典範的轉移最讓學生感同身受。慈濟環保的身教除了來自學校行政管理階層與教師的身體力行之外，也得益於慈濟學校獨有的「慈誠懿德」與環保志工的以身示教。

為了更好的照顧慈濟學校的學生，慈濟學校都設立「慈誠懿德會」，邀請慈濟委員擔任「慈誠」（男性）與「懿德」（女性），每月定期與學生聚會，分享委員個人的生命經驗，並在聚會時展現環保意識與實際行動，包括自備環保餐具、素食、資源分類與回收、搭乘公共交通工具等節能減碳行為，提供正向的身教典範。

慈濟環保志工的環保事蹟更受到廣泛的讚嘆，也提供感人的環保典範。環保志工不分年齡、階層、背景，不畏髒亂、不辭辛勞，低頭彎腰，為愛護地球環境而無私付出；為此，上人尊稱他們是「環保菩薩」、「清淨菩薩」，「草根菩提」、「呵護大地的菩薩」或是「常不輕菩薩」。在現今種種環保聲浪中，這群沈靜、踏實、努力不懈的環保志工，在台灣及海外總共將近二萬個環保點，超過 20 萬個環保志工（參見本書第❶章），無私的投入環境保護志業，減少了不知其數的碳排放，大量減少廢棄物對山林、海洋環境的汙染。

此外，大學與科大的大一校核心必修課程「慈濟人文暨服務教育」及「生命教育」，以及中小學相關課程單元，都透過與慈濟環保志工共學，藉由慈濟環保志工的身教，理解慈濟的環保理念與生活實踐。面對暖化造成的氣候變遷等環保議題，慈濟環保志工以身示教，從每個人調整心態與生活形態做起：回歸簡單生活、素食、齋戒等，在生活中化繁為簡，匯聚善的效應，即能減少對自然資源的需求與污染，舒緩地球環境未來的災害。

動教

美國教育學者杜威（J. Dewey）的教育哲學強調「生活即教育」，他的「做中學」（Learning by Doing）思想帶動美國20世紀教學方法的革新，也影響台灣近年的教育改革，特別是服務—學習（service-learning）的教育思維。杜威的「做中學」的內涵包含生活經驗、親身體驗及反省思考等三個部分。慈濟的理念強調：「做中學、學中覺、覺中悟」，從做中去覺與悟，強調個人的自我（self）對外界各種示相的覺知（awareness）與開悟（enlightenment），從而獲得智慧。兩者的教育思維異曲同工。

為了實踐「慈悲喜捨」辦學理念，培育能落實慈濟「以人為本，感恩、尊重、愛」的教育理想，在校園全面推展「克己復禮、有禮真好」活動，將其融入學習課程範疇內，期待每個人都能從「克己」、「知足」、「知止」的理性節制，進而發展成「好禮」、「尊重」、「利他」的人文素養，共同建立一個「有禮」、「有理」的和諧校園。並以「感恩、尊重、愛」為主軸，藉由課程、宿舍活動、學生社團活動及品德教育週系列活動，有效結合社區、民間及校際等各類資源共同推動，體現慈濟人文教育的辦學精神，並積極鼓勵教職員生參與社區服務與重大救災活動，與慈濟基金會一起為社會公益付出實踐。

慈濟大學的環保行動實踐主要展現在二個層面：(1)透過服務性社團及服務學習課程引導學生參與社會公益；(2)啟動「大學社會責任」(USR)實踐計畫。

服務性社團與服務學習課程主要包括：

(1) 輔導親善大使社團，藉由社團學生規劃與推動每學期品德教育週宣導系列活動，讓學生做中學，發揮創意及影響力，共同營造環保友善校園。鑑於近來環保意識抬頭，大學健康親善除了力行品德教育外，更秉持服務社會之精神，將「環保」理念帶入社會，期許播下善的種子，開出善的花朵。

(2) 鼓勵學生團體結合所學，辦理具服務性質之營隊及志工活動，推動社區服務，並補助學生團體服務偏遠地區孩童，帶動中小學社團活動，散播善與環保的種子。於每學期期初幹部訓練以及社團負責人聯繫會議宣達，鼓勵各性質社團辦理服務相關活動，並於經費審查通過予以補助。

(3) 配合慈濟基金會慈善活動，每學期定期舉辦多元志工活動邀請學生參與，關懷學校所在鄰近社區之弱勢族群，包括帶領原住民與社區兒童青少年的假日籃球活動、關懷獨居長者、供餐慈善服務、帶領老人健康促進活動、社區人文教育等，從陪伴與關懷實際行動中培養同理心、慈悲心，推動永續發展與環保教育。

（4）衛保志工活動：每學年招募衛保志工學生約30名，協助學校推動健康促進服務及衛生教育宣導活動，並於大型體育競賽中擔任救護員，讓學生共同參與維護校園健康與安全。透過社區機構參訪，鼓勵學生參與社會公益活動，培養志工服務之價值觀，提升助人之正向能量，並藉由志工會議，讓志工們有經驗傳承機會，學生從在團隊活動中累積服務經驗，及提升自我學習能力與自信心。

（5）服務學習課程與活動：除讓學生精進於專業知能學習外，同時鼓勵學生積極參與各項社會服務，大學與科大均推動多元服務學習教育與各項社會志願服務活動，藉此促進教育公共性價值與推動學生利他服務教育活動相互並行。主要包括「慈濟人文暨服務教育」校核心必修課程，以及通識相關服務學習活動。

（6）國際志工服務：每年由學生組織赴海外擔任國際志工

服務，服務國家包括：日本、中國（四川、甘肅）、蒙古、泰國、菲律賓、印尼、馬來西亞等國家。慈濟大學的海內外志工服務團隊除各團隊特定的服務目標（慈善義診、公衛宣導、弱勢援助、課輔學習）之外，大多會在服務方案中加入環保與感恩的課程活動。

（7）持續推動「無毒有我」的反毒運動：自100學年起推動「無毒有我」—深化紫錐花運動，期望帶動各級學校師生重視毒品危害健康議題。「無毒有我」志工團隊在台灣各地宣導，並在花蓮縣各級學校舉辦無毒有我教育宣導服務學習活動及營隊，推展人文品德、服務學習與生命教育整合性活動，成果備受肯定。

在「大學社會責任」（USR）實踐計畫方面，晚近的社會共識認為大學是傳承知識的學術殿堂外，還須承擔起改變社會的角色，整個社會普遍期待大學在運用社會資源時，能夠更關心公共議題，並善用專業反饋社會。基於每所學校的辦學理念、目標及願景不同，所承擔的「社會責任」也不一樣。以大學為例，辦學宗旨以慈悲喜捨精神，為社會培育「尊重生命，以人為本」懷抱濟世助人理念，實踐志工服務精神的優秀人才；其中慈濟學校共同的校訓「慈悲喜捨」更成為推動「大學社會責任」實踐計畫的架構。

具體成果的實踐，除了獲得花蓮縣政府與各界的肯定外，更協助光復、萬榮等鄉推動地方創生，而光復鄉也是行政院地方創生元年東部地區第一個通過地方創生提案的鄉鎮；此外更與慈濟基金會慈發處結合，共同解決在地問題與感恩戶的困難。

為了使資源能最有效率推升在地，大學以兩個路徑推動，分別針對花蓮的優勢產業及弱勢偏鄉議題，解決遭遇問題並以創新策略推升。路徑一為聚焦花蓮兩大主要的農業及觀光產業，整合大學獲得教育部補助兩件USR計畫「食在永續」及「洄瀾風華」文創觀光兩計畫合併，透過「合作經濟推廣」、「慈大認證PGS倡議」及「綠色行銷與永續旅遊」等三個創新策略推動。

面對花蓮較為弱勢的偏鄉議題如原住民部落長者問題與偏鄉教育問題，慈濟大學推動USR Hub計畫，聚焦「樂齡長照」及「偏鄉教育」議題，將學校及師生資源引入與在地共學，提升或促成在地團隊，並以大學資源協助與輔導，解決在地問題。透過這兩個路徑，大學以三年期程，透過「創新教學」及「新創共學」，協助花蓮優先區域推動「地方創生」，落實大學社會責任實踐。

我們的自我期許與目標：慈大積極連結並建立夥伴關係，共同致力於在地更永續的生活，並以協助光復鄉地方創生培力為示範，師生都能關心在地發展，慈大的教研資源能與花蓮共生共創共榮，實現大學環保教育的願景。

制教

「制教」的目的在培養學生的自制能力與良好習慣，其中規約的制訂在制教中不可或缺，因此，慈濟學校的環保教育有「言教」、「身教」、「境教」、「動教」的培育，更有制教做基礎，讓環保教育發揮最大的功能。

慈濟學校的制教將心靈環保到大地環保都融入學校的規約中，在台灣目前的高教系統中最具前瞻性。證嚴上人期許慈濟學校教育：救世要先救心；想影響天地，則先影響心地。人人都希望自己身體健康，亦盼天下無災難、風調雨順，這一切都需要從自我心靈做起。環保就是調養大地、修行心地的功夫。愛護地球是責任也是使命：身行環保，保護生態，作大地的農夫；不受欲念束縛，知福、惜福、及時造福，作心地的農夫。人人用心照護大地與心地，才能平安與地球共生息。」因此，慈濟大學將「生命教育」規劃為校核心必修的通識課程，並在校園內推動「心素食儀」（心寬無煩惱，素齋疾病少，食物重環保，儀禮氣質好）的生活觀，以及宿舍網路與主要照明夜間時間限制等節能減碳措施，從日常生活的實踐，提升到心靈精神層次，進而影響社會，提升到環境保護及永續發展。

環保教育落實日常生活，透過制教深印在學生思想觀念中，常存對大地的疼惜之心，能倡行「簡約」的生活並提升道德觀念，積極推動「克己復禮」運動。「克己」，就是克服自我欲念，避免浪費資源，對地球造成傷害。「復禮」，有禮才能表達出自我的修養，提升人文氣質，復興尊師重道、孝道等傳統禮儀。朝向有禮的社會邁進。人人愛心共聚，力行環保，節能減碳，地球的溫室效應、極端氣候都會獲得改善，社會也能一片呈祥。面對溫室氣體排放造成的暖化氣候變遷，慈濟學校的環保教育是最具前瞻性且整體性的教育。

環保教育的社會影響

聯合國在2015年提出「2030永續發展議程」，提出17項永續發展目標（Sustainable Development Goals，

SDGs)，聚焦於經濟、社會與環境三個面向的關鍵議題，成為全球推動永續發展與環保教育的共同語言與策略架構，近年來 SDGs 更已成為國際衡量大學永續教育與社會影響力的重要指標。例如 2019 年英國《泰晤士報高等教育特刊》首次發表的「世界大學影響力排名」，便以永續發展目標（SDGs）中的 11 項做為評核大學的社會影響力的標準。因此，本節將以聯合國永續發展指標中與環境保護及永續發展密切關聯的十個指標，說明慈濟學校環保教育的社會影響力。

（一）SDG03：良好健康和福祉

醫學領域相關專業課程與服務學習課程，及大學社會責任實踐中的樂齡長照課程，服務性社團以及相關通識教育課程使學生了解傳染病和非傳染性疾病，以及營養攝取質量，環境因素和生活方式選擇之間的關係。透過研究和評估，學生能獲得必要的技能，批判性地分析影響健康和差異的因素，論證學生們對自己的健康和福祉負有責任，包含他們自己行為，以及他人的選擇和環境部分。

（二）SDG04：優質教育

慈濟學校的「五教」引導學生學習永續發展和永續生活方式。使學生能在生活中分析、評估錯綜複雜的環境問題，並落實應用於生活中透過團隊合作及跨科系整合以解決問題，提供優質的環保教育。

（三）SDG06：潔淨水與衛生

藉由服務學習與大學社會責任實踐課程，慈濟人文暨服務教育與水資源等相關通識教育課程引導學生了解與其收集、清潔和分配相關的水資源管理議題與知識，進而為結合醫學與公衛等專業領域對於農業、工業、城市環境汙染與保護等問題與不斷成長的人口造成的水資源需求培育跨領域的未來人才。

（四）SDG07：可負擔的潔淨能源

透過優質的永續校園能源管理的「境教」、大學社會責任實踐中再生能源的「做中學」，以及能源相關通識教育課程，加上基礎的碳足跡和生態會計等概念，以及STS（科學、科技與社會）跨領域的學習，具備評估能源適當性選擇的能力。透過慈濟學校優質的環保教育，能將其落實於生活有效地減少日常生活和環境中使用的電力和汽油等的能源需求量。

（五）SDG11：永續城市與社區

透過大學社會責任實踐相關課程「在地公民經濟」與「循環經濟」的學習、優質的永續校園能源管理的

「境教」、以及相關通識教育課程理解在地方城市、郊區、偏鄉、農村及部落等基本人類需求，並透過問題導向學習使學生能夠根據周圍較大的生態系統，學習如何解決這些需求的知識與實踐策略，並能對於保護周遭環境更感興趣與負責。

（六）SDG12：負責任的消費與生產

藉由大學社會責任實踐相關課程「在地公民經濟」與「循環經濟」的學習、校園的綠色消費綠色採購等「境教」、以及相關通識教育課程深化學生對供應鏈和公平貿易的理解與分析。學生能夠認知符合永續性原則的策略，並更加了解其生產和消費選擇的影響。

（七）SDG13：氣候行動

透過優質的永續校園氣候變遷減緩與調適的「境教」、服務學習、服務性社團及大學社會責任實踐課程中相關的「做中學」，以及相關通識教育課程學生培養他們對氣候變遷緩解和適應的理解，以及透過環境監測和分析結果以採取適當行動的能力、價值判斷與實踐決心，共同為我們只有的一個地球貢獻所學。

（八）SDG14：水下生命

藉由服務學習與大學社會責任實踐課程，慈濟人文暨服務教育與生命教育，及環境教育學程等相關通識教育課程培養學生們對海洋和海洋資源永續管理的更進一步理解生態系統運作，且能運用批判性思考與問題導向學習，面對永續利用海洋和海洋資源的現實世界問題，嘗試推動可行的解決方案，並形成價值信念將永續海洋實踐引入學生們的日常生活，並發揮影響力鼓勵大眾共同參與。

（九）SDG15：陸域生命

如同 SDG14，藉由服務學習與大學社會責任實踐課程，慈濟人文暨服務教育與生命教育，及環境教育學程等相關通識教育課程培養學生了對土地利用變化所影響與衝擊，對於人力利用土地的經濟活動對環境的影響的科學評估與分析，教育我們的學生具備理解、探索和推動環境永續的解決方案之能力。

（十）SDG17：夥伴關係

慈濟學校的環保教育培育了能實踐前述 16 個永續發展指標的學生，更透過與國內外志業體的合作，更讓學生具備理解與促進夥伴關係作為實現永續發展目標的手段所發揮的關鍵作用，更能透過國際與校際合作組織合適的協作和團隊，以支持、採取行動並實現永續發展目標。

結語

慈濟學校以「慈悲喜捨」為共同校訓，且以培育學生「品德教育、生活教育、全人教育」為目標的優質教育；而環保教育則是全人教育落實在生活中最重要的展現，不只是在個人知識學習領域上能建構永續發展的價值觀，同時在個人行為表現及內在精神上發揮對人文及生命的關懷與實踐。慈濟學校的各種環保措施為慈濟教育體系的「境教」提供了重要的軟硬體基礎，並透過「言教」、「身教」、「動教」及「制教」，進一步強化師生的環保意識與生活實踐。

以聯合國 17 個永續發展指標（SDGs）進行評估，本章上述資料顯示慈濟教育體系在永續教育與社會影響力的指標都有不錯的表現，2019 年獲得行政院永續發展獎肯定，顯示慈濟學校的環保教育對人類的永續發展具有重要的參考價值。面對日益嚴重的暖化造成氣候變遷等環境議題，慈濟教育體系將持續推動環保教育，深植環保理念，並在生活中實踐環境保護的理想。

植福要吃菜　里民都來素（2012）（攝影／趙勝顏）

社區志工準備蔬食便當，推動茹素齋戒（2001）（攝影／顏霖沼）

第❻章
「腸」樂我淨：
素食的身心環保觀

林光慧
（慈濟大學國際暨跨領域學院院長）

身為高等有智慧會思考的哺乳動物，在人類全基因體解序之前，總會想像人類的基因數目應該是很多的，以因應我們進行有智慧的思考與學習。因此在 2000 年人類基因體計畫開始之前，人們就開始了對人類基因數目開啟了一個猜謎遊戲。當時有一些其他生物的基因組已經被解序，其中小鼠有兩萬三千個基因，小麥有兩萬六千個基因，大部分人猜測人類基因數目至少會比線蟲的兩萬五百個基因高很多吧？結果是人類只有兩萬一千個基因，比水蚤的三萬一千個基因還少一萬個，只有水稻的一半。所以我們之所以有智慧能夠有各種複雜的運作系統，真的只靠我們身上的基因來運作就足夠了嗎？

新生兒在出生後 3 小時之內，在身上以及身體裡面就會佈滿了細菌，這些細菌主要是經由母親的生產過程而獲得，大部分的微生物主要是來自母親陰道及糞便，其中來自母親陰道的乳酸桿菌屬（*Lactobacillus*）及普雷沃氏菌屬（*Prveotella*），在進入新生兒的腸道之後，扮演協助分解牛奶或母乳的重要角色。若以細胞的數量來計算，新生兒身上的細菌數量很快就會超過細胞的數量，他也會從「人類」變成「細菌」。成人身上細菌的數量大約100兆，但人的細胞數量只有30兆，也就是說從數量而言，我們身上90%是細菌。因此，我們到底是人類還是細菌呢？人類能有高智能的運作，靠的是我們自己的基因數目的基因表現來運作，還是與我們身體的微生物組成一個超級有機體（superorganism）來協作完成？

微生物對人體的意義

這些微生物到底與我們之間有什麼關係？住在花蓮很難不被一種很小長得像黑芝麻的昆蟲侵擾，那就是小黑蚊。小黑蚊的學名是台灣鋏蠓（*Forcipomyia taiwana*），會叮咬人類等體表披覆的毛比較少的哺乳類。跟蚊子一樣，母蚊叮咬人是為了獲取蛋白質以提供養分來協助產卵。到底有哪些人容易遭到小黑蚊的叮咬，是你的體溫比較高，還是你的肉比較香？為此，我們進行了一個有趣的實驗。我們收集了容易被叮咬的人跟不容易被叮咬的人的汗液，塗在兔子的耳朵上。看看小黑蚊比較喜歡叮咬哪一隻耳朵？果然，塗了容易被叮咬者的汗液的耳朵，遭到攻擊的次數是另隻耳朵的一倍。相較於塗上水的組別，有塗人類汗液的兔子耳朵較能獲得小黑蚊的青睞。

汗液裡面的什麼成分造成這樣的差別呢？我們首先鎖定在汗液裡面的菌相，經過菌相分析發現，容易被叮咬的人汗液裡面的菌有 80% 是厚壁菌門（Firmicutes）的細菌，而比較不容易被叮咬的人，汗液裡面的菌相對的就分布的比較平均，也就是菌相歧異度比較高的人，比較不容易被小黑蚊叮咬。

除了皮膚表面有很多細菌，我們身體最多細菌的地方是腸道。這些微生物的數量是我們身體細胞數量的十倍以上，超過 100 種，其中有 99% 集中在其中的 40 種。我們全身上下的細菌總重量，比我們的腦袋還要重一點。所有微生物總加起來的基因訊息是人體細胞的基因訊息的 100 至 250 倍，所以認真講起來，我們真的是由細菌組成的。有科學家認為腸道菌可以被認定是一個「器官」，甚至於可以經由糞便來移植腸道菌。

人類腸道菌從人一出生到死亡歷經一連串的地

盤爭霸戰，嬰兒時期從母親產道獲得的乳酸桿菌屬（*Lactobacillus*）以及比菲德氏菌（*Bifidobacteria*），主要負責協助分解牛奶中人類無法分解的物質幫助營養的吸收。這兩類細菌也是我們目前加在優酪乳裡面主要的細菌。其中，比菲德氏菌就是從小嬰兒的糞便分離純化得到的。接著在青春期與成人時期，我們腸道菌相漸趨穩定，其中厚壁菌門（Firimutes）與擬桿菌門（Bacteroides）的相對比例穩定。成人的腸道菌數量變多，更多種類的細菌加入腸道菌的行列。一般而言，腸道菌中厚壁菌門的比例大約是 60-80%，擬桿菌門 20-30%，比菲德氏菌所屬的放線菌門（*Acitnobacteria*）小於 10%，大家所熟知的大腸桿菌（*Escherichia coli*）所屬的變形菌門（*Proterobacteria*）只佔所有菌量不到 1%。

腸道菌與健康

腸道菌相的平衡是維持健康的重要關鍵，到了年紀越來越大，兼性厭氧的細菌會變多，也就是有害的細菌數量會增加。腸道菌相的平衡對於宿主是很重要的，腸道菌藉由宿主獲取能量，同時產生維他命 K 提供給宿主。有些腸道菌主要的功能在產生宿主無法自己產生的短鏈脂肪酸（short chain fatty acid, SCFA），利用短鏈脂肪酸調節宿主的免疫系統，影響腸道細胞的完整性。由這樣的細菌演化的過程可以知道，腸道菌相會受到，年齡、荷爾蒙、食物，等環境或者是個人因素所影響。

腸道菌相失衡與代謝疾病或者跟精神相關的疾病有密切的相關，在小鼠的研究中指出擬桿菌門數量下降，厚壁菌門數量上升是造成老鼠變胖的關鍵。餵瘦老鼠吃胖老鼠的糞便瘦老鼠會變胖。相反的，餵胖老鼠吃瘦老鼠的糞便胖老鼠會變瘦。非酒精性脂肪肝的病人腸道，擬桿菌門的數量下降，變形菌門的數量上升。發炎性腸道疾病則與產生酪酸鹽（butyrate）的細菌數量下降以及腸內菌科（*Enteracteriaceae*）的細菌增多有關。另外，肥胖及二型糖尿病的病人，他們體內阿克曼氏菌（*Akkermansia muciniphila*）大量流失後，使腸壁黏液層厚度嚴重受到影響，進而無法阻擋脂多醣（lipopolysaccharide, LPS）進入體內，脂多醣接著誘發脂肪細胞的發炎反應而造成肥胖。

食物是一個影響腸道菌相的重要因素，依照吃的食物種類可以將人類劃分為：單純只吃水果蔬菜以及穀物的純素食者，可吃蛋及牛奶的蛋奶素者，混合吃魚（海鮮）和蔬果者（Pescatarian），以及吃魚肉和蔬果的地中海飲食（Mediterranean diet）。從食物與環境的雙金字塔可以了解大量吃肉的西方飲食造成的環境衝擊較大。但飲食對於腸道菌相的影響是什麼呢？

我們從一個義大利科學家的研究，來了解飲食對於腸道菌相的影響。這項研究收集了 14 個非洲布吉納法索的小孩糞便樣本，對照組是 15 個義大利佛羅倫斯的小孩的糞便。首先，我們先瞭解這兩群小孩吃的東西有什麼樣的差異。布吉納法索的小孩，每天飲食纖維量是 10 克，主食是小米和高粱磨成麵粉煮成的鹹粥，吃蔬菜以及蔬菜做成的醬料。偶而吃一點雞肉，雨季的時候吃白蟻當點心。義大利小朋友的飲食纖維量只有 5.6 克，主食是披薩、義大利麵、大量的肉與起司，冰淇淋、無酒精飲料、早餐脆片與油炸洋芋片。基本上這兩群小朋友吃的東西沒有重複，完全不同。

這樣的飲食差異對於腸道菌相有什麼影響？布吉納法索小朋友的腸道中有 73% 的擬桿菌門的細菌，其中普雷沃氏菌佔 53%。有趣的是，佛羅倫斯小朋友的腸道菌中，擬桿菌門只佔 27%，而且幾乎測不到普雷沃氏菌的存在。另外，這兩群小朋友的厚壁菌門數量也相差很多，布吉納法索小孩的腸道菌只有12%是厚壁菌門，義大利小孩高達51%，其中會造成疾病的沙門氏菌（*Salmonella*）、志賀氏菌（*Shegella*）及克雷伯氏菌（*Klebsiella*）數量，也是義大利的小朋友糞便中比較多。前面提到的小黑蚊的實驗也看到，容易被叮咬的人皮膚上的厚壁菌門的細菌也比較多。所以，吃肉容易被小黑叮咬，好像也是有可能的結果，但這還需要有更多研究才能證明。

總結來說，吃穀物與蔬菜的布吉納法索小孩腸道中，有比較多的擬桿菌門的普雷沃氏菌，到底這些不同的菌相對於我們的健康有什麼樣的影響？在美國也進行過類似的實驗，讓一群人吃豆類、水果與蔬菜，另一群人吃蛋、肉以及起司。吃蔬菜組人的腸道很快地建立分解纖維的細菌群，包含前面布吉納法索小朋友腸道中的普雷沃氏菌，另一群人的腸道也很快地建立了喜歡吃蛋白質的細菌。其中有一個志願受試者從小吃素，卻被分在吃肉的組別，原本他腸道有很多普雷沃氏菌，在短短吃肉的四天之內，喜歡蛋白質細菌的數量就超越了普雷沃氏菌的數量。由此可見，食物與菌相的關係需要有更長期的研究觀察，因為腸道菌相會因應食物的改變，快速地建立起適應環境的菌相，但菌相改變的結果與影響需要收集更長時間的資料來驗證。

義大利科學家接著檢測這兩群小朋友糞便中的短鏈脂肪酸（Short chain fatty acid）數量，發現布吉納法索小孩腸道中短鏈脂肪酸的數量比佛羅倫斯小朋友還要多。短鏈脂肪酸是普雷沃氏菌這類喜歡纖維的腸內菌分解纖維所產生的化學物質，這些短鏈脂肪酸是開啟調節T細胞（Treg）的鑰匙，當調節T細胞被活化之後，就會開啟免疫反應並抑制發炎反應。短鏈脂肪酸包含了，醋酸（acetate），丙酸鹽（propionate）以及前面提到的酪酸鹽（Butyrate），其中醋酸佔50-70%，主要在協助增加腦中的飽足感，調節棕色脂肪組織的形成。佔10-20%的丙酸鹽與10%的酪酸鹽則協助調節免疫細胞，並維持腸道細胞膜的完整性。

總而言之，健康且平衡的腸道菌相需要有歧異度高豐富度足夠的菌相，厚壁菌門、擬桿菌門以及放線菌門的比例要平衡。腸道的環境要有豐富的短鏈脂肪酸，足夠的阿克曼氏菌（*Akkermansia muciniphila*）刺激產生豐厚的黏液層。腸道菌相失衡造成的後果是菌相多樣性降低，致病菌的數量增加，喪失短鏈脂肪酸或者組成改變。腸道的黏液層被破壞，腸壁細胞間隙加大增加脂多醣（Lipopolysaccharide, LPS）進入血液的機會，誘發宿主的發炎反應，進而誘發脂肪細胞增大，造成肥胖。另外，正常的腸道菌相中有 4% 的阿克曼氏菌，其功能在強迫腸道製作更多厚黏液層，黏液層可以加強腸壁細胞緊密度，阻止脂多醣穿越腸壁進入血液中，進而降低發炎反應。

大量肉食的問題

看來，以植物為主的飲食可以增加短鏈脂肪酸的產生，促進免疫細胞的分化。那多吃肉到底有什麼不好？在慈濟醫院及台大醫院合作的一篇研究中，吳偉愷醫師與林俊龍執行長徵召了一群素食者與雜食者。這些志願者的平均年齡相仿，身體質量指數（BMI）沒有顯著差異，雜食者血液指數中的低密度膽固醇稍微高一點，血液與尿液中的肉鹼（carnitine）與氧化三甲胺（TMAO）濃度偏高。雜食者食用肉或蛋中會產生肉鹼、膽鹼（Choline）與卵磷脂（Lecithin），再經由腸道菌會將這些物質分解成三甲胺（TMA），三甲胺再經由肝臟的黃素單氧化酶（FMO3）分解成氧化三甲胺進入血液中。血液中過多的氧化三甲胺會影響膽固醇的運輸，造成大量的脂肪累積在巨噬細胞之中，形成會累積在血管壁的泡沫細胞（foam cell），接著造成血小板累積在血管壁，就形成了動脈粥狀硬化（Atherosclerosis）。

那到底是誰的腸道裡有比較會把肉鹼轉化成三甲胺的細菌？直接觀察這兩群人糞便中的菌相，發現菌相的分布差不多，厚壁菌門與擬桿菌門細菌比例也沒有太大的差異。吳醫師團隊請這兩群人都服用肉鹼的藥片，這樣的做法顯然比前面美國人的實驗，請吃素的人吃肉溫柔多了。然後每12小時抽血、驗尿，觀察這些人裡面誰是高氧化三甲胺的產生者。結果發現雜食者有比較高的比例是高氧化三甲胺的產生者，大多數低氧化三甲胺產生者都是素食者。所以從結果來看，雜食者的腸道有比較多會幫助產生氧化三甲胺的細菌。食物經過腸道菌的分解可以對宿主產生不同的影響，肉裡面的肉鹼、膽鹼經過細菌分解會協助產生氧化三甲胺，增加冠心病與動脈硬化的風險。膳食纖維則可以增加短鏈脂肪酸的產生，一旦膳食纖維減少，短鏈脂肪酸濃度下降，就有機會造成腸道菌相失衡，增加腸壁的通透性，促使更多的脂多醣進入血液造成發炎反應，進而造成代謝疾病。

因此，了解飲食與道菌相的關係之後，我們應該加強以植物為主的飲食，以增加擬桿菌門中的普雷沃氏菌的產量，來產生短鏈脂肪酸增加免疫力，強化腦血屏障，提供能量調節腸道功能。降低肉類的攝取，可以降低厚壁菌門的數量，減少氧化三甲胺的產生，減低冠狀動脈硬化與心血管病的風險。

人體皮膚的微生物菌相跟你是否會被小黑蚊叮咬有關係，你吃進去的含植物纖維比較多的食物，可以促進喜歡分解植物纖維的細菌生長，並產生能夠調節免疫功能的短鏈脂肪酸。吃進去太多肉鹼會滋養產生氧化三甲胺細菌的生長，過多的氧化三甲胺則是造成動脈硬化及冠心病的元兇。

腸道菌對情緒與行為的影響

然而，腸道菌相會影響人的情緒或與精神疾病有關嗎？一位年輕女孩正要準備上大學，突然變得有攻擊性，被送往精神病醫院治療後，腦部組織切片發現有微生物攻擊她的腦部，同時也發現她有嘔吐及腹瀉的症狀。原來是她受到 *Tropheryma whipplei* 這株微生物的感染而造成系統性的惠普病，當然在使用抗生素治療之後，這位女孩恢復了健康。微生物會藉由改變宿主的行為，宣告自己是造成這個感染的主要角色。

細菌造成精神相關的疾病最有名的還有自閉症（Autism），美國康乃狄克州的艾倫・柏爾特（Ellen Bolte）的第四個小孩安德魯，在 1992 年出生時是一個健康正常的小嬰兒，一歲半的時候例行檢查，醫師發現安德魯的耳朵中充滿液體，醫師判定他有嚴重的感染，需要使用抗生素治療。經過十天的療程，安德魯耳朵中的液體還在，第二次療程後安德魯耳朵中的液體終於消失了。但為了徹底解決安德魯的感染，醫師又建議讓安德魯進行兩次抗生素的療程，這是一切噩夢的開始。最後一次治療過程中，安德魯開始有一些行為的改變：他開始有拉肚子的現象，另外他開始傻笑、走路東倒西歪。

艾倫以為是耳朵的感染造成安德魯的疼痛導致他的精神錯亂。但一週之後安德魯變得害羞、沉默寡言，容易生氣，常常尖叫。而且腹瀉變得嚴重，排泄出充滿黏液及未消化食物的排泄物。接著，他的行為繼續惡化，忘了原本會講的幾個字，踮著腳尖走路，迴避大人的目光。甚至於有時對於艾倫的呼喚沒有反應。持續的治療中，耳朵的問題解決後，安德魯腹瀉的問題甚至於造成體重降低，行為的異常並沒有改善，直到他 25 個月大被診斷是自閉症。

在安德魯被診斷出來的年代，自閉症的病因主要被歸咎於基因的問題，艾倫傷心地回憶道，在抗生素治療之前，她的兒子並沒有生病。因此她開始閱讀大量的研究文獻，試圖找出是否是任何偶發的事件，例如微生物的感染，造成她兒子的行為異常。在受到許多醫療文獻的洗禮之後，艾倫開始專注於安德魯生病時所服用的抗生素，想知道是否與安德魯的生病有關，她看到一個新的感染相關的研究發現，在治療困難梭菌（*Clostridium difficile*）抗生素治療之後，常常會有嚴重的腹瀉問題。艾倫懷疑是否有與困難梭菌類似的細菌的感染造成安德魯的症狀，於是她猜想是否是與困難梭菌同一屬的破傷風梭菌（*Clostridium tetani*）感染，因為安德魯的抗生素治療讓腸道的益菌被殺死之後，破傷風梭菌有機會造成感染，破傷風毒素以一個未知的方式，到安德魯的腦中造成他的症狀。艾倫拜託醫師為安德魯檢測血液，的確發現他血液中的抗體數值超高。

一般來說，破傷風毒素會在血液裡面，接著造成肌肉痙攣，為何安德魯沒有這些典型的症狀？破傷風毒素又是如何通過腦血屏障的？這些都是艾倫無法解釋，同時也無法說服醫師為安德魯治療的問題。直到安德魯四歲，在看過 37 位醫師之後，艾倫終於說服了芝加哥的理查・山德勒（Richard Sandler）醫師，為安德魯進行針對破傷風梭菌的抗生素治療。令人驚訝的是安德魯在服用抗生素後的幾天之內，就變得比平常更活潑了。這代表艾倫的猜測的確走在正確的方向。經過另一位研究梭菌屬的專家西尼・方恩格（Sydney Finegold）認同下，理查・山德勒對另外 11 名與安德魯類似自閉症同時有腹瀉症狀的小孩進行抗生素治療，這些小孩在服用對抗破傷風梭菌的抗生素治療後，明顯活潑很多，開始願意用語言與人溝通，不再長時間沉迷同一種單一活動。這樣的治療對於自閉症的成因與可能的治療方向提供了科學的證據，也再次提醒平衡的腸道菌相的重要性。

研究者以無菌小鼠進行研究發現，腸道內沒有細菌的小鼠不喜歡交朋友，喜歡單獨行動，不會跟其他小鼠互動。使用比較勇敢的 Swiss 小鼠與膽小的 BALB/c 小鼠作實驗，發現將兩種小鼠放在高高的平台上，Swiss 小鼠會勇敢地跳下來，但 BALB/c 小鼠不敢，但交換了這兩種小鼠的腸道菌後，BALB/c 小鼠變勇敢，Swiss 變膽小了，這也證明了腸道菌相對行為造成重大的影響。另外，也有研究者使用藥物或者利用母子分離法誘發小鼠的憂鬱症，這些小鼠食用相同的飼料，被誘發出憂鬱症會讓小鼠失去努力的動力，例如放在水中憂鬱鼠較會放棄掙扎，放在迷宮裡憂鬱鼠明顯的失去尋找出口的動力等，觀察菌相後發現，憂鬱鼠的菌相與正常鼠的菌相很不同。另外，在法國的一項臨床研究中，將 55 名健康志願者分成兩群，一群人每天吃含有兩種活的益生菌的棒棒糖，一群人吃的棒棒糖沒有細菌，一個月之後有吃活菌的人更不容易憂鬱和生氣，吃下活菌為什麼可以讓我們感到更快樂？

我們腸道的神經細胞數量僅次於人的大腦，可以說是我們的第二個大腦。我們身體中 95% 以上的神經傳導物質，血清素（serotonin）、多巴胺（dopamine）等是在腸道中製造，因此情緒的起伏有很大一部分是由我們腸道神經細胞能不能產生足量的神經傳導物質有關係。另外，也有研究者發現治療巴金森症的左旋多巴胺（levodopa, or L-dopa），對於不同的病人有不同的療效，他們懷疑是腸道中的細菌具有分解左旋多巴胺的能力，因為每一個病人腸道中的細菌不同，所以才有不同的藥效。結果他們發現腸道菌中的糞腸球菌（*Enterococcus faecalis*），具有分解左旋多巴胺的酵素，所以腸道菌中如果糞腸球菌數量較多的病人，服用左旋多巴胺的效果就比較差。

另外，當我們吃下活菌時血液中色胺酸（tryphtophan）的濃度會增加，色胺酸是合成血清素的前驅物。憂鬱的病人血液中色胺酸的濃度比較低，如果一個人身體中的色胺酸濃度比較低也代表了這個人的血清素比較低，也比較容易不快樂。那腸道菌相到底與色胺酸的濃度有何關係呢？可惜，我們並無法因為吃了某些活菌來產生很多血清素或者色胺酸，但腸道菌的角色在於降低過度反應的免疫系統破壞身體所產生的色胺酸。總括來說，自閉症、憂鬱症、巴金森症等神經性的疾病，主要的原因還是源自於免疫系統的失調也就是腦袋的發炎反應，造成對於這些神經傳導物質的破壞，降低了神經傳導物質的在血液中的濃度進而造成疾病。

陽明大學蔡英傑教授團隊從福菜中發現了一株植物乳酸桿菌PS128，讓憂鬱鼠服用PS128兩週，可以明顯改善小鼠的憂鬱症狀，他們將這株菌命名為「快樂菌」。植物乳酸桿菌跟常見的優酪乳中的細菌都是所謂的益生菌。市面上的益生菌種類非常多，例如：嗜熱鏈球菌（*Streptococcus thermophiles*）、保加利亞桿菌（*Lactoacillus bulgaricus*）、嗜酸乳桿菌（*Lactobacillus acidophilus*）、雷特氏B菌（*Bifidobacterium lactic*）、比菲德氏龍根菌（*Bifidobacterium longum*）、凱氏乳桿菌（*Lactobacillus casei*）、胚芽乳酸桿菌（*Lactobacillus plantarum*）、副乾酪乳桿菌（*Lactobacillus paracasei*），主要功能在改善腸道問題、調節免疫力、減少病菌的感染、口腔皮膚及黏膜的保健，減少代謝症候群以及減少精神相關的疾病。

但從前面的研究便可理解，這些益生菌需要有足夠的量進入且長期定殖在腸道才能揮功能，蔡英傑教授團隊以無菌鼠進行研究，服用植物乳酸桿菌PS128兩週就有明顯改善的效果。人的腸道從出生之後就很難有完全無菌的狀態出現，因此不論服用益生菌與否，維持腸道菌相的平衡仍然是維持健康的不二法門。即便不間斷地補充益生菌，但所吃的食物不利於腸道菌相平衡的維持，益生菌的功能便無法發揮出來。

腸道微生物叢移植與健康

2019 年林口長庚醫院有一位誤食強鹼的五歲男孩。由於強鹼造成腸胃道感染，經由抗生素治療後，卻引發嚴重的腹瀉而無法進食，被診斷為困難梭菌（*Clostridium difficile*）的感染。醫師使用了小男孩健康哥哥的糞便，經由大腸鏡移植到小孩的大腸中，兩週後這個小孩恢復了健康，這個小男孩成了國內第一個的糞便移植（Fecal microbiota transplant, FMT）的案例。

糞便移植的正式名稱是腸道微生物叢移植，在台灣也成為困難梭菌感染後反覆腹瀉的常規性治療方法。糞便移植並非只有在台灣有成功的案例，2006 年美國夏威夷有一位佩琪・海（Peggy K. Hai）女士，在開車去見她客戶的路上被一輛高速行駛的摩托車撞上，歷經五年的手術恢復她的腿與頭部的傷害後，她受傷的左腿仍然難逃截肢手術，手術後第三天，她感到嚴重的噁心及腹瀉，手術的醫師告訴她只是麻醉藥、抗生素以及止痛藥帶來的副作用，開了藥後就讓她回家休息。但幾週之後，雖然她的腳還是感到疼痛，她停止了服藥，希望腹瀉的狀況會好轉。但事與願違，她每天會有多達 30 次的腹瀉，兩個月之後她的體重掉了 20%。狀況持續幾個月後，她被手術的醫院腸胃科診斷出跟前面小男孩案例一樣是困難梭菌的感染，原來在治療她足部感染狀況的抗生素雖然保護她的傷口不被細菌感染，卻摧毀了她腸道的微生物菌相，在一般的菌相占據地盤之前，困難梭菌像野火燎原一樣，在她的腸道中大肆繁殖。醫師即便使用了可以殺死困難梭菌的抗生素的積極療程，卻無法趕走困難梭菌，只是造成佩琪的狀況越來越嚴重，她的視力與聽力逐漸惡化，她與她的先生一致認為必須要進行極端的手段，來恢復她的腸道菌相，但要如何進行呢？佩琪透過一位朋友在當護士的姐姐，知道有糞便移植這一種對於這種抗生素所引起的腹瀉的新療法，因此她到加州的醫院，使用大腸鏡移植了她先生的糞便，幾小時後她不需要再一直跑廁所，幾天後她不再腹瀉了。兩週後出現在她臉上的青春痘消失了，頭髮開始長出來，也漸漸恢復體重。

為了想要了解抗生素殺死腸道細菌後，正常的菌相仍是有機會恢復，錄製紀錄片《該屎的抗生素》的比利時公視記者彼得·柏斯（Peter Brems），先是連續七天服用了廣效性的抗生素殺死了自己腸道的細菌，發現腸道細菌真的死光後。接著吞服了 15 顆先前儲存的自己糞便所製成的膠囊，接著在安特衛普醫學院微生物學家赫曼·寇森的協助下，每天收集自己的糞便，觀察菌相的變化，還好彼得的菌相慢慢在兩個月後恢復了。一般人在服用抗生素後，通常需要六個月到一年後才能完全恢復正常的菌相。彼得回憶中說道吞服自己的糞便膠囊沒有想像中的噁心，反倒是廣效性的抗生素的作用令人無法恭維。看來，「去吃屎吧！」這句話恐怕不再適合用來罵人，而是未來醫界在治療抗生素造成的腹瀉的救命處方了。

吃屎這件事其實並不是二十一世紀醫師們的專利，早在東晉時期，可稱為當代醫學家和製藥化學家的葛洪（公元 283 年－ 343 年），在他所著《肘後備急方》中，記載了當時用糞清治療食物中毒和嚴重腹瀉的處方，「絞糞汁，飲數合至一二升，謂之黃龍湯，陳久者佳」。但當時的糞汁需要一些複雜的製作過程，但也取了比較「可口」的名字。其中一種是「金汁」或者前面提到的「黃龍湯」，製作時需要在冬至前後一個月，取男童的糞便使用泉水攪拌後，以竹篩及紗布過濾再加入一碗甘草水，像釀酒一樣裝入缸中，埋在地底兩公尺以下越久越好。經過一段時間，糞水會分成三層，第一層顏色微黃稱作「金汁」，這部分主要拿來入藥。另外一種叫做「人中黃」，將甘草放在竹筒裡，然後浸泡在糞坑中一段時間所製成的，據說具有清熱涼血，瀉火解毒之功效，如此一來在現代的沖水式馬桶就沒辦法製作出人中黃了。

食糞的行為在動物中普遍存在，兔子會吃下自己第一次消化的盲腸便，這種經由腸道細菌分解纖維素後的糞便富含維生素B群，兔子會把這些像葡萄一樣的糞便吃下去，再消化一次。象群的母象也會排出鬆軟的糞便，給象群中的小象們食用。小鼠如果沒有食糞，他們的大小只會長到原本的四分之三。珍‧古德（Jane Goodall）觀察坦尚尼亞貢貝溪國家公園的黑猩猩中，發現一隻叫做帕拉斯的母猩猩有多年的慢性腹瀉，當她腹瀉時，會食用健康黑猩猩的糞便來使腸道菌相恢復平衡。看來黑猩猩比人類更了解腸道菌相平衡的重要性，已經知道食用健康猩猩的糞便來救自己了。

對於現代人而言，先別討論是否還有中醫師願意製作金汁與人中黃，直接吃糞便膠囊，即便是比利時記者彼得‧柏斯，在食用自己糞便製成的膠囊之前，也是經過一番掙扎。進行糞便移植的先驅者亞歷山大‧霍魯茲（Alexander Khorusts）回想在早期為病人使用內視鏡進行糞便移植之前，需要在準備室中使用攪拌器混合糞便，那所產生的氣味足以嚇壞所有人讓大家逃離醫院。

但糞便本來面目是什麼呢？其實糞便中超過70%是細菌，其餘剩下的是無法分解的植物纖維與水分。每隔一段時間會代謝死亡的紅血球細胞是糞便之所以是褐色的主因，經過肝臟分解之後所產生的硫化氫，以及腸道細菌分解食物後產生的氣味成就了糞便令人無法恭維的特殊氣味，這也是在糞便移植觀念引進的初期遭遇的重大挑戰。除此之外，如何界定誰能提供所謂的「健康糞便」？誰是真正的健康？所以前面所提到的糞便移植案例都是以健康的家人為糞便的提供者。但英國就有婦女在移植了自己女兒的糞便之後，就胖了16公斤，所以她女兒的腸道菌在救她的同時，也順便送給了媽媽一些造成肥胖的細菌。因此各國紛紛看到有所謂的「糞便銀行」的成立，高雄長庚醫院就以健康的大學生為招募對象，在符合衛福部嚴格的規範之下，這些人不能是C型或B型肝炎的帶原者或感染者，當然也不能有HIV的感染。高雄長庚利用糞便銀行中的糞便，成功治療了幾起的困難梭菌所引起的腹瀉。香港的糞便銀行也開出了每個月最高4800港幣的價錢募集糞便的捐贈者，看來捐糞未來可能還可以當作一種營生的工具了。

第一個創立糞便銀行的馬克・史密斯（Mark Smith），

因為朋友的一場困難梭菌的感染，而興起了創立非營利糞便銀行（OpenBiome）的念頭，捐糞者每次可以得到40美元的酬勞，美國有33州約180家醫院都採用他們的服務，解決感染困難梭菌感患者的苦惱。OpenBiome對捐糞者的要求跟台灣差不多，最近有沒有服用抗生素、有沒有出國旅遊，看來有感染COVID-19的風險也會讓你無法捐糞賺錢。另外，你有沒有與細菌相關的健康問題，有沒有重度憂鬱症，或者自體免疫疾病或代謝症候群，通常要檢驗至少50個人，才能找到一個適當的捐糞者。健康的糞便除了協助解決困難梭菌感染的問題，在雪梨也有利用糞便移植因而康復的多發性硬化症、早期類風溼性關節炎、帕金氏症患者。這究竟是巧合還是真有這樣的成果？

尋找健康的捐糞者在目前抗生素濫用的時代幾乎是不可能的任務。艾瑪·艾倫維科（Emma Allen-Vercoe）希望能夠利用一套仿真腸道系統，培養出標準化的合成糞便。但他們的困難在於很難找到從來沒有使用抗生素的人，他們好不容易在印度鄉下找到一個苗條，沒有疾病而且吃有機且均衡飲食的女孩當作他們糞便的捐贈者。他們使用仿真腸道利用女孩的糞便培養出33種細菌，這些菌相對容易培養，都不具有危險性，必要時都可用抗生素消滅，使用這樣合成糞便也成功的治療了兩位困難梭菌的感染者。

這樣的合成糞便未來或許提供了客製化的製程，以協助治療更多的疾病，也解決了健康捐贈者的定義問題。同時也排除了素食接受者或許不想要接受雜食者提供的糞便的議題。但這樣的合成糞便可以滿足所有人種的需求嗎？先前的布吉納法索及義大利小孩的研究顯示，生活地點與飲食內容大大影響了腸道菌相。微生物學家傑弗里・戈登在類似研究中發現，美國人的腸道菌相遠比美洲印第安人的多樣性貧乏許多，種類也少了非常多，同時前面布吉納法索小孩腸道中佔有 50% 以上的普雷沃氏菌屬的細菌完全不在美國人的樣本中出現。

結語：素食腸樂

我們或許可以利用仿真腸道所產生的合成糞便來恢復腸道菌相，但飲食所帶來後續的影響或許也是我們應該思考的另一個問題，否則糞便移植短暫的修復的菌相，也有可能因為飲食沒有修正，還是會漸漸地走向失衡。微生物修復（Microbial restoration）除了糞便移植，食用益生菌或者補充益生質，都是非常可能的修復腸道菌相的方式。

但除此之外，難道我們不能預防勝於治療嗎？前面已經看到飲食對於菌相的影響，如果我們從飲食做起，食用以植物為主的食物，多吃食物原來的樣子，包含水果、蔬菜、原型沒有精製的穀物，減少精緻糖類、以及肉類的攝取，或許是維持我們腸道菌相健康的重要法門。

2020 年元旦志業體同仁及志工以環保行動迎接嶄新的一年（2020）（攝影／李政明）

高雄八卦寮環保教育站（1999）（攝影／顏霖沼）

第❼章

環保故事的敘事書寫分析：

以《慈濟月刊．大地保母》為例[1]

呂麗粉

（慈濟大學東方語文學系副教授）

「環保」是慈濟八大法印中重要的一環，源起於 1990 年證嚴法師呼籲大眾「以鼓掌的雙手，做資源回收」，從此開始了慈濟的環保工作，並進而帶動了台灣的環保資源回收行動，迄今（2020）已有 30 年歷史。《慈濟月刊》是慈濟與會眾聯繫的重要宣傳刊物，從創刊伊始，便確立了藉由好人好事的報導，達到宣揚佛教理念、淨化人心的目的，該刊自 2013 年底開闢了「大地保母」單元，特別採訪報導環保志工的事蹟。

證嚴法師對環保志工有極深的感情，他曾說：「慈濟的生命力來自老菩薩耐磨耐勞的精神，它使慈悲心得以落實，慈悲的腳步得以堅定，走得既深且遠，並代代傳

1 本文原刊載於《慈濟大學人文社會科學學刊》（2019），24 期，頁 157-191。為配合本書版面，內容編排略有調整。

承下去。」本文以《慈濟月刊》「大地保母」單元之人物為分析文本，以敘事學角度，從環保志工人物形象及話語、時間和空間、事件的取擇及安排等方面，探析採訪者如何透過敘事書寫，激勵出善的影響力與行動力。

前言

「慈濟」自1966年「佛教克難慈濟功德會」成立開始，隨著時間推移與加入會員的增加，進而發展出現今「慈善」、「醫療」、「教育」、「人文」、「國際賑災」、「骨髓捐贈」、「環保」、「社區志工」等八大項的慈善事業。「環保」是慈濟八大法印中重要的一環，源起於1990年8月23日證嚴法師應財團法人吳尊賢文教公益基金會邀請，在台中新民商工幸福人生講座的演講中，呼籲大眾「以鼓掌的雙手，做資源回收」，從此開始了慈濟的環保工作，並進而帶動了台灣的環保資源回收行動迄今。此期間慈濟成立了大愛電視台，大愛電視台標榜不迎合世俗商業娛樂，沒有虛誇的廣告，也沒有政府贊助，而支持大愛電視台營運的部份資金便是透過環保志工做回收募集而來（釋證嚴，2010:236）。

對於環保志工，證嚴法師尊稱他們是「環保菩薩」、

「清淨菩薩」、「擁抱地球的菩薩」、「呵護大地的菩薩」或是「常不輕菩薩」,[2] 其他名稱則有「草根菩提」、「大地保母」、「環保尖兵」等，主要是讚嘆他們不辭辛勞、不畏髒亂，為愛護地球環境無私的付出。據 2017 年《慈濟年鑑》記載，截至 2017 年底，慈濟在全球計有 16 個國家地區，設置了 561 個環保站，10,267 個社區環保點，總計有 106,299 位環保志工投入環保志業。其中，台灣計有 286 處環保站，8,626 處環保點，總計 8,912 處，環保志工人數高達 88,254 人。[3]

證嚴法師除了日常對弟子的開示中提到環保的重要之外，2009 年還特別著有《與地球共生息》一書，提出了 100 個疼惜地球的思考和行動；次年，證嚴法師的弟子德㲼法師（2010）也編撰了《靜思語的環保人生》一書，顯見此時環保已經是慈濟志業體重要的工作及推動的目標。2013 年底，慈濟與會眾聯繫的重要宣傳刊物《慈濟月刊》，特別開闢了「大地保母」單元，開始採訪

2 引自http://tw.tzuchi.org/index.php?option=com_content&view=article&id=353%3A2009-01-09-06-51-02&catid=56%3Aenvironmental-protection-about&Itemid=292&lang=zh，瀏覽日期：2018 年 12 月 26 日。

3《2017 慈濟年鑑》http://www.tzuchi.org.tw/ebook/almanac/2017almanac/372-373/#zoom=z，瀏覽日期：2018 年 12 月 26 日。

報導環保志工的事蹟，而《與地球共生息》一書於 2015 年 11 月由靜思人文再版一刷，不到半年時間，在 2016 年 4 月又再版三刷；從時間點來看，2014 年至 2016 年似乎是慈濟環保工作全力推展的階段。

《慈濟月刊》創刊於 1967 年 7 月 20 日，當時的總編輯侯蔚萍曾於「發刊獻辭」中說明該刊物發行的目的，云：「我們的創刊主旨雖然是：（一）闡揚佛 真諦。（二）報導佛 動態。不過，我們的主要用意，卻完全在乎：（三）介紹好人好事。（四）挽轉社會風。」[4] 從創刊伊始，《慈濟月刊》便確立了以好人好事的人物活動、事蹟進行敘事書寫的模式，意欲藉由這些好人好事的報導，達到宣揚佛教理念、淨化人心的目的，月刊取名便是源於「慈悲為懷，濟世為志」的宗旨。

《慈濟月刊》出版迄今 54 年，從當時僅一大張四頁的報紙型刊物，到現今 150 餘頁的雜誌型月刊，雖然在型態、單元上有所增減，但是以慈悲為出發，以濟世為總歸的宗旨卻始終如一，且以人標事的書寫模式也未曾改變，證嚴法師曾說：「一個人就是一部大藏經。」（2018 年 12 月 26 日擷取自《慈濟全球資訊網・慈濟人物誌》。）《慈

4《慈濟雜誌》創刊號，第一版「社論－發刊獻詞」，頁 1。

濟月刊》以報導文學的形式，記錄真實且美善的人物與事蹟，希望提供讀者正面的人生價值觀，這種以人物來說法的敘事方式，必定要透過人物、事件的安排與展示，才能對讀者產生引導與影響，慈濟是帶領台灣從事環保的重要團體，具有時代性的重要意義，「大地保母」是《慈濟月刊》針對環保志工專門報導的單元，故本研究擬以《慈濟月刊》中「大地保母」單元之人物敘事為分析文本，探析採訪者對人物、事件素材的取擇、安排，及人物本身行動、思想的變化，以瞭解採訪者如何透過敘事書寫，激勵出善的影響力與行動力。

「大地保母」單元分析

證嚴法師於 1990 年提倡環保回收之後，台灣各地的慈濟人紛紛響應，帶動了台灣的環保意識，然而《慈濟月刊》這份與會眾溝通，具代表性的慈濟刊物，卻遲至 2013 年 11 月（564 期）才首次出現以環保志工為專題的「大地保母」單元，這一期出現之後，12 月號又付之闕如。2014 年及 2015 年的「大地保母」人物報導較為持續出刊，2014 年計有 11 期報導，專訪人數有 11 位；2015 年計有 8 期報導，但 1 月號「每年最期待的事」是記環保志工歲末祝福活動，專訪只有7期，不過4月號人物專訪了兩位志工，故合計8人。這兩年中每期篇幅長度為6頁。

之後，該單元較不固定出現，出刊期數明顯減少，專訪人物也減少，如2016年報導只有7期，專訪只有5位，其中3月號「慈青環保鬥陣來」及7月號「不只做大地過客」，是環保專題報導，不是個人專訪。2017年報導只有5期，人物專訪只有3期，其中4月號「琉淚」及6月號「讓觀音再度微笑」也是環保專題報導，不是個人專訪。2018年報導有3期，人物專訪僅有1位，其中5月號「初見海南菩薩」及8月號「香醮遶境－媽祖看到也心疼」，是環保專題報導兼敘人物，總計2016至2018年三年中專訪人物僅8位。

此三年中「大地保母」單元每期篇幅長度也不固定，專題報導的篇幅較長，約在6頁至32頁之間，如「慈青環保鬥陣來」、「不只做大地過客」篇幅為6頁，「琉淚」為30頁、「讓觀音再度微笑」為12頁，「初見海南菩薩」長達32頁，「香醮遶境－媽祖看到也心疼」為20頁，此時期的報導篇幅時長時短且相差極大。

人物專訪篇幅在此時期出現6至16頁不等的情形，

如2017年9月號（610期）報導林阿貾達12頁，2018年6月號（619期）報導王麗花達16頁，採訪篇幅特別長。照理來說，篇幅的增加應代表對該單元的重視，然而每期不固定篇幅及報導期數大幅減少的情形，似乎意味著《慈濟月刊》該單元的採訪重點，已由人物敘寫漸趨於對環境關懷的重視。

在2013至2018六年間，《慈濟月刊》以「大地保母」為封面者計有兩期，分別是2017年4月號的「琉淚：小琉球－未被看見的風景」及2018年6月號的「在呼吸間做環保」，前者是環境污染的議題，後者則是人物專訪，這兩期剛好呈現了「大地保母」單元涵蓋的內容，即關懷環保議題，並帶動更多人一起參與環保行動。

關於各期專訪人物之性別、年紀、地區，整理如下表，關於年紀的統計是以出刊當年度計算。

年度	報導期數	專訪人數	性別	年紀（人數）	地區（人數）	報導月份
2013	1	1	女1	85歲	台南（1）	11
2014	11	11	女10 男1	>80歲（4） >70歲（5） 未知（2）	台南（11）	1～10 12

2015	8	8	女5 男3	>70歲（2） >60歲（1） >40歲（1） 未知（4）	台南（2） 台北（3） 花蓮（3）	1、4、6、8～12
2016	7	5	女4 男1	>80歲（1） >70歲（1） >60歲（2） >20歲（1）	台南（1） 台北（3） 花蓮（1）	1、3、5、7、8、11、12
2017	5	3	女2 男1	>90歲（1） >70歲（1） >40歲（1）	台中（1） 台北（2）	3、4、6、9、12
2018	3	1	女1	>60歲（1）	宜蘭（1）	5、6、10
合計	35[5]	29	女23 男6	>90歲（1） >80歲（6） 70-79歲（9） 60-69歲（4） 40-49歲（2） 20-29歲（1） 未知（6）	台南（15） 台北（8） 台中（1） 花蓮（4） 宜蘭（1）	

5《慈濟月刊．大地保母》專欄從2013年11月開始，每月出刊一期，基本上每期專訪一位環保志工，但有時則是環保專題報導，如2015年1月號「每年最期待的事」，2016年3月號「慈青環保鬥陣來」及7月號「不只做大地過客」，2017年4月號「琉淚」及6月號「讓觀音再度微笑」，2018年5月號「初見海南菩薩」及8月號「香醮遶境」，並非個人專訪，故期數與專訪人數有出入。

由上表得知，總計六年內該單元共出現 35 期，專訪的環保志工計有 29 位，其中女性佔 23 位，男性佔 6 位，女男比例約是 4：1，顯見女性受訪者人數遠多於男性受訪者。據行政院環境保護署 107 年性別統計資料顯示，環保志工人數女性為 137,414 人，男性為 70,173 人，女男比例上約是 2：1，由以上數據觀察，慈濟團體的女性環保志工比例約是環保署統計的兩倍，這意謂慈濟是以女性為多的團體，而《慈濟月刊》以「大地保母」為單元名稱，除了有保護愛惜大地之意，是否也寓涵了慈濟環保志工以女性佔多數的現象？

在年齡分布上，未載明年紀者計 6 位，年紀明確者 60 歲以上者計有 20 位，最高年齡是 93 歲；49 歲以下者僅 3 位，顯見環保志工在年齡上有偏高齡的現象。此現象，或許是因為投入環保志工者，多以退休或相對不用再忙於家務者較有時間，也或許是和《慈濟月刊》對採訪對象的設定標準有關；然而集中高齡的現象，會造成斷層之虞是值得關注的問題。

若以區域劃分，專訪對象台南人數最多，有 15 人，台北有 8 位（含台北市和新北市），花蓮有 4 位，宜蘭 1 位，台中僅 1 人，而其他縣市環保志工的專訪報導付之闕如。六都之中的高雄市及桃園市，均沒有受訪的環保志工，台中也僅 1 人，頗令人感到意外，顯現出《慈濟月刊》採訪取樣的不平均。

「大地保母」的敘事分析

一、正向積極的人物形象與話語

人物是敘事最重要、最根本的元素，翁振盛（2001）認為「塑造人物，首先可以描述其身份，包括姓名、家族譜系、年紀、排行、籍貫、居所、家庭狀況、職業、經濟財富、社會階層」（頁 47），睽諸「大地保母」的敘事手法，多在文章開始不久，便開門見山的交代受訪者的姓名、年紀、居住地等背景資料，這是源於《慈濟月刊》「報真導正」的宗旨，如寫台南白河八十九歲的陳器阿嬤：

> 八月底炎陽溽暑，枯荷殘藕，雖然賞蓮的花期已過，但有一位心像蓮花般清淨盛開的環保菩薩，在白河區綻放人品馨香。陳器阿嬤身體健朗，精神敏銳，完全看不出今年已八十九歲高齡。（2014.09，P36）[6]

6 括號內表示《慈濟月刊》之年月及頁次，後文引文皆依此，不另說明。

寫居住台北陽明山20出頭歲的陳揚慈：

> 來自臺北士林區的陳揚慈，從小住在陽明山這片城外山林中，是個樂觀充滿活力的女孩，雖然才20出頭，但個性獨立、活潑外向，喜歡登山或到偏鄉當志工。2016年暑假還完成徒步環島。如此熱愛戶外活動的她，可是個不折不扣的環保志工！（2016.12，P56）

寫花蓮萬榮太魯閣族79歲的楊玉梅：

> 如果說愛可以超越宗教與族群，二〇一五年七月我們在花蓮萬榮鄉萬榮村看到見證。村裏有一位虔誠的天主教徒，她是太魯閣族，也是守護大地的環保志工——楊玉梅。當地族人常會稱呼她「姆姆」，是原住民對長輩的尊稱，意思為「媽媽」。七十九歲的姆姆，曾接受慈濟基金會長期的關懷與補助。（2016.01，P50）

採訪者在為該位受訪人物定調時，往往傾向以正向的語言呈現出受訪者的特色，如寫陳器著重其人品馨香「心像蓮花般清淨盛開」；寫年輕的陳揚慈，著重其「樂觀充滿活力」；寫楊玉梅是虔誠的天主教徒，也是慈濟的環保志工，強調她「愛可以超越宗教與族群」；清淨、樂觀、愛這些特質雖看似每個人性格不同，然而如果仔細閱讀《慈濟月刊》中的其他篇章，不難發現在每位環保志工身上，都具備了這些美好品格，換言之，美好的品格其實是這些典範環保志工所共同具備的本質。

申丹（2013）在《西方敘事學：經典與後經典》一書中引用了亞里斯多德的看法云：「人物不是為了表現性格而行動，而是在行動的時候附帶表現性格」（頁35）。人物本身的行動，顯現的正是他的個性及思想，《慈濟月刊》採訪者在描寫環保志工時，也多以行動來呈現受訪人物對環保工作的熱愛，如寫太魯閣族姆姆楊玉梅，在照顧中風的先生及做裁縫貼補家用之餘，還以宗教虔誠的情懷做環保：

> 姆姆的丈夫在四年前往生，生前因中風臥病在床長達十三年，卻無褥瘡，這歸功於姆姆的細心照料。當時她必須一邊照顧丈夫，一邊做裁縫貼補家用，還能將做環保視為與做禮拜同等重要的事，可見她將宗教慈愛的精神落實於生活的待人接物。（2016.01，P53）

台南61歲的蘇玉雲個頭嬌小，因長年搬運重物，加上骨質疏鬆，脊椎已日漸彎曲，然而她在八月酷熱的豔陽下，仍像螞蟻雄兵般，勤勞精進做環保，態度不退轉不休息：

下午的陽光毒辣，尤其是在八月酷暑，攝氏三十多度的炎熱高溫直叫人吃不消。在臺南頂美環保站只見一人忙進忙出，一會兒搬玻璃瓶分類，一會兒將塑膠袋晾乾，接著拿起掃把打掃環境，儘管汗水早已溼透上衣，她似乎沒有打算停歇。她就是人稱「阿雲」的蘇玉雲師姊，不到一米五的嬌小身軀，做起事來相當俐落，待人也很親切。不論您在哪個時段走進環保站，玉雲師姊總像螞蟻雄兵一樣來回搬運、整理。（2016.11，P38）

除了實際行動之外，說話也是刻劃人物重要的一環，從說話者的語氣、情緒、神態中，讀者可以看出說話者的情感及思維，「大地保母」的採訪者在引述環保志工的話語時，常常傳達出受訪人物對環保工作真心的熱愛，志工們都覺得做環保是一種責任和使命，如七十九歲的太魯閣族姆姆楊玉梅即使中風，仍心心念念在環保回收，因為行動不便，每見到志工到來可以幫忙收回收物時，她的喜悅之情總溢於言表：

> 這日我們見她獨坐在房裏，右手拄著枴杖，左手拿著十字架念珠，兩眼直望庭院裏的回收物，一臉凝重掛心，原來一年前姆姆意外中風，導致行動不便，仍心繫環保，一見志工到來，姆姆像見到家人般親切：「你們來太好了，這裏的回收……」（2016.01，P50）

八十歲的扁擔阿嬤邱金秀居住在偏遠的新店山區，她不會騎車，是以最簡單的扁擔兩端吊掛回收物來做環保，最初做環保還受到家人的反對，然而一路堅持下來，後來兒子媳婦成了他的幫手，當採訪者問他將來不在了怎麼辦時，他的回答十分堅定：

> 阿嬤說：「我會把它交給兒子，希望他們能繼續做下去。」這日兒子剛好回家幫忙，阿嬤再一次重申述她的心志，孝順的兒子一口應允。在一旁的我知道這不僅是一種口頭的承諾，還是一種心與心的傳承。（2016.08，P50）

最令人感動的應該是九十三歲每天一定要到環保站做紙張分類才行的姜流妹，他的的兒子不放心母親，每天接送她「上下班」，姜流妹每天環保做七、八個小時仍嫌不夠，即使臥病在床，連張開眼睛說話的力氣都沒有了，但一聽到「做環保」，使盡力氣的一聲「好」的回答，有著石破天驚的力量：

> 老人家躺在病床上虛弱又消瘦，連張開眼睛說話的力氣都沒有。素珍師姊伸出雙手緊握阿嬤的手，輕輕的對阿嬤說：「老菩薩，您要加油，沒事的，我們會在環保站等您，您要趕快回來好不好？」沒想到這一問，阿嬤忽然睜開眼，使盡力氣說：「好！」這一答聲，感動了大家，有如看見希望。（2017.12，P59）

這些環保志工的行動及話語讓讀者感受到環保志工對環保的熱愛及堅持，特別是行動不便者、高齡者對環保的一心繫念，希望為大地盡一份心力的堅持，令人動容，他們不僅自己做，也希望家人一起傳承下去繼續做，這份清淨大地的的心念，儼然是愚公移山的故事重現，這些事蹟啟發了讀者的好奇，無形中也感動了讀者。

二、以時間與空間的敘寫呈現精進不懈的精神

關於環保志工的時間敘事，也多指向其精進不懈，或代代傳承幸福家庭的形象，有的志工每天作環保回收工作時數長達十六小時，如台南蘇玉雲每天從清晨三點到晚上七點多的時間都在做環保，大約是除了睡覺的時

間外，都精進於環保工作中：

不論在哪個時段走進環保站，玉雲師姊總像螞蟻雄兵一樣來回搬運、整理。更令人佩服的是師姊每天清晨三點就出門收回收物，直到晚上七點多才離開環保站，一天有四分之三的時間都在做環保，相當勤勞精進。（2016.11，P38）

二十年如一日做環保的志工更不在少數，郭不阿嬤從推嬰兒車做回收開始，到四輪手推車、到三輪腳踏車，一路從市場、街坊巷弄收取回收物至今：

如果說人的一天有四分之一花在睡眠，那麼老菩薩的一生有四分之一在做環保。這天，老菩薩騎著三輪車一路從市場、街坊巷弄收取回收物。……老菩薩做環保有一段「進化」歷程——從推嬰兒車、四輪手推車到現在的三輪腳踏車。（2013.11，P90）

盧李綢是夫妻一起做回收，阿公騎著腳踏車、阿嬤推著兩輪車，兩人分工巡視，刻劃出一幅夫妻同心協力，幸福人生的畫面：

阿嬤做環保至今已二十幾個年頭，當初因

> 繳善款認識蔡華美師姊，同時也牽起夫妻做環保的因緣。在「垃圾不落地政策」未實施前，阿公騎著腳踏車、阿嬤推著兩輪車，兩人分工巡視，將垃圾袋裏的回收物一一挑出，就怕有任何漏失，同修之間就這樣為環境步步耕耘，默默付出。（2014.05，P33）

年輕的陳揚慈從兩、三歲時，阿嬤就開始帶她一起做環保，一家三代人都做環保，對陳揚慈而言，環保已經內化為生活的一部分：

> 揚慈的的阿嬤是慈濟志工，也是家中最早接觸環保的一位，就連揚慈的阿公與父母也受阿嬤影響而投入環保。在揚慈兩、三歲時，阿嬤就開始帶她一起做環保，直到揚慈上了國高中後，父母也經常開著滿載回收物的環保車到學校接揚慈放學，然後親子一起幫忙將當天的回收物處理完畢後再回家。因此，對揚慈來說，「做環保」已經成為家風傳承，內化為一種生活態度與方式。（2016.12，P58）

就上引四個例子觀察，環保志工有人每天長達 16 小時做環保，有人一做 20 餘年，有的延續三代人都在做環保；這當中可以自己一人做，可以夫妻攜手做，可以祖孫一起做，在這麼多元的方式中，可以看出《慈濟月刊》採訪者對時間敘事的強調，有一個共同的特點，就是這些默默付出者，總是精進不懈。

除了歷久恆持的時間敘事，隨著人物的環境不同，採訪者也藉由空間的刻劃讓讀者感受到環保志工的精進，如任清潔工的林阿屘做回收的時間是在眾人下班之後，在闃黑寂靜僅有電梯間的燈光可供照明的大樓，他默默工作的身影，雖然顯得形單影隻，卻有著不退轉的勇猛：

> 在新北市某一棟金融大樓裏，每到晚上六點下班時刻，員工陸續熄燈返家，此時可見一位清潔阿姨戴上手套準備上工打掃。兩小時後，清掃告一段落，整棟大樓早已闃黑寂靜，只剩電梯間的燈光可供照明，阿姨又從每樓層的辦公室裏拖出一袋袋笨重的廢紙，然而這些廢紙不是當垃圾丟棄，而是視為珍貴的回收物，因為她知道，這些紙類可發揮很大的良能。（2017.09，P50）

邱金秀不會騎車，只能靠著走路在山區做回收，有時候收一趟回收物，需走上四、五十分鐘的陡坡，一般人都嫌累了，她卻不辭辛苦：

> 金秀阿嬤說她不會騎「孔明車」，走路徒手拿回收的量又不多，於是突發奇想將扁擔前後兩端吊掛回收物，從此有了「扁擔阿嬤」的稱號。十多年來，阿嬤就挑著扁擔在山區撿拾回收物，哪怕是還要走四、五十分鐘遠的陡坡，只要有住戶願意留回收物，阿嬤也不辭辛勞前往。（2016.08，P47）

王金蜜身材嬌小，自稱把回收當運動，每天從早上到下午，做環保的區域從台南安定跨到善化，工廠、店家、市公所都是他的場域，回收物疊得比人還高，每週回收的量，能裝滿一台3.5噸的環保車：

> 金蜜阿嬤把撿回收當作最佳的「運動」，早上會從安定區騎四十多分鐘腳踏車跨區到善化環保站協助回收分類；下午則到住家附近的區公所、工廠、店家等，一間間詢問有無回收物。一路下來，體積龐大的回收物早已疊得比阿嬤高。若是一趟載不完，阿嬤會再來一趟。收完定點後，阿嬤的腳步不停歇，會到其他地

方巡視。(2014.03，P45)

王麗花則是每天前往鄰近的傳統市場回收塑膠袋，不畏髒亂：

> 在傳統市場回收資源並不容易，常遇到可回收物與垃圾夾雜一塊兒，甚至廚餘剩食，不僅要忍受異味，還會不小心碰到檳榔汁、痰液，需要花更多時間挑出垃圾，才能有乾淨的資源可回收。(2018.06，P17)

林阿屘隻身在闃黑的大樓逐層樓默默的回收笨重的廢紙，扁擔阿嬤邱金秀在偌大崎嶇的山區挑著扁擔四處撿拾回收物，王金蜜穿梭在各處的街弄巷道，一間間詢問有無回收物；罹患膀胱癌的王麗花在髒亂的市場挑撿垃圾，為了能有乾淨的資源可回收，這些環保志工踽踽獨行、默默付出，一堅持就是10年、20年，一般人發心容易但堅持難，然而這些環保志工卻能一本愛護地球的初衷，不畏環境的髒亂及回收過程的辛苦，精進不停歇，他們的身影是令讀者動容與敬佩的典範，證嚴法師(2010:245)也讚嘆他們以行動膚慰大地，搶救地球資源，不怕辛苦、不畏髒亂的堅定心念，正是六度波羅蜜的「忍辱、精進、禪定」。

三、事件的選擇與安排重在己度度人

盧蕙馨（2004:57）認為宗教敘事有很多雷同的結構，大抵是如何突破困境、改過遷善、找到信仰和行事的依歸等。就「大地保母」的單元觀察，採訪者在事件的選擇與安排上，約可分為四部份，其一是未做環保前悲苦的人生際遇，其二是做環保的勇猛精進態度，其三是不退轉的堅持精神，其四是從己身進而影響他人，這個過程正是採訪者為達到接引信眾、淨化人心、啟發良能的主要宗旨，說明如下：

1、悲苦的人生境遇

慈濟環保志工如上所述，多偏向高齡，這些高齡志工多出生在在物質比較困苦的年代，其中當然也不乏社會名流，不過就「大地保母」所採訪的對象觀察，有多偏於弱勢的傾向，這些受訪者一生多有悲苦的身世且經歷生活的困境，例如：

（王金蜜）「家中貧窮，七、八歲開始出來做工，婚後為償還家中債務，在工地做板模，一輩子勞碌打拚」（2014.03，P43）

（黃美鳳）「身高不到一三〇公分的阿嬤，在四歲時從臺階上跌落傷到脊椎，因未妥善治

療導致脊椎骨嚴重位移凸出，終生需弓著背行走」(2014.07，P56)

(許聰敏)「從小就因父親愛喝酒，沒喝完的酒會拿給他喝，所以十多歲就學會喝酒、抽菸、嚼檳榔」(2016.05，P38)

(邱金秀)「從小居住偏遠的深山，年少時期就挑起扁擔採茶，協助家計。婚後家境窮困，年幼的女兒感冒卻沒錢看醫生因而往生」(2016.08，P44)

(姜流妹)「三歲時真的流出送人當童養媳。阿嬤五歲開始幫忙做事，七歲就得學帶小孩，十八歲結婚後，先生卻在四十七歲車禍往生，阿嬤又扛起一家重擔。」(2017.12，P54)

慈濟環保志工以女性較多，這些女性志工身處重男輕女的時代，更是弱勢中的弱勢，如陳器阿嬤年輕時，先生把女人帶回家，她除了要煮飯給對方吃，甚至還要讓出床鋪：

阿嬤的先生年輕時較沒責任心，曾帶小姐到家裏，阿嬤非但沒反擊，還煮飯給對方吃，甚至讓出床鋪，把對方當客人招待。不論誰聽

> 到這段故事都會佩服她的器量，於一切境不起瞋恚，安忍不動。（2014.09，P36）

最令人同情的是花蓮鳳林楊月華，她三歲喪父，七歲就要打工分擔家計，婚後要照顧重傷的先生、癱瘓的婆婆、五名年幼的孩子，自己也因壓力過大罹患重病，坎坷多舛的命運，讓人鼻酸：

> 師姊聊起過往，三歲喪父，七歲時就得打工分擔家計。婚後，丈夫因採石礦意外，身受重傷，師姊還必須照顧中風癱瘓的婆婆、五名年幼的孩子，因此一心只想賺錢，為生活拚命工作，卻忽略自己的身體早已不堪負荷，陸續出現甲狀腺機能亢進、子宮內膜異位而造成血崩等病狀，直到確診罹患紅斑性狼瘡，病況一度惡化讓她幾乎無法承受。（2015.12，P56）

「大地保母」受訪人物中，充滿傷痛坎坷的人生不勝枚舉，然而對於人生悲慘的遭遇及過程，採訪者沒有誇大張揚的鋪敘，反而用了相當多「省略」的敘事手法，輕輕帶過，減低了悲傷哀怨的情緒，例如對於楊月華，採訪者並不強調她悲苦或病痛的過程，而僅以當事者對病苦抱持無常觀的覺悟，發願要越發精進當志工助人；

對於陳器阿嬷面對丈夫外遇的心痛心情也並未多加著墨，僅停留在讚揚她的器量與氣度上，歸結於「於一切境不起瞋恚，安忍不動」的修養；寫走過近一世紀的年歲的姜流妹回想過去，也僅以其強忍眼淚感嘆「女孩子油麻菜籽命」概括帶過。

2、勇猛精進的態度

採訪者敘述這些環保志工時，多強調其精進、勇猛投入的精神，如花蓮鳳林第一位環保志工楊月華忍受關節變形的痛苦，仍然不畏辛勞精進勇猛的做環保，不僅提供自家住宅做環保，十多年來接引許多志工，採訪者特別強調的是她自述出來做環保，身體病痛就消失：

> 因師姊早年的人生磨練，擔任過水泥粗工、看護工等勞力工作，所以當起志工後，她就像勇猛的大丈夫，時常開著小貨車到處奔走，哪裏有需要收取回收物，只要一通電話，總是不畏辛勞地使命必達，有時人力不足，還得一人充當司機兼綑綁、搬運笨重回收物。我們很難想像為了避免陽光曝曬，在全身包覆，僅露雙眼之下，要有多大的意志力才能忍受骨頭、肌肉、關節變形、僵硬的劇烈痛楚，但師姊卻一派淡然地說：「出

來做環保或搬東西的時候就沒什麼感覺，很神奇吧！」（2015.12，P59）

中風的楊玉梅藉由做環保當復健，認為越痛越要動，即便是行動不便，她仍騎著電動車到處收取回收資源、宣講環保理念：

自從姆姆中風後，街坊鄰居怕她老人家太勞累，紛紛勸她應該多休息，不要再做環保，但姆姆認為「愈痛愈要動」，藉由做環保當作復健，不論是抓取、壓扁回收物，都是強迫自己扳手指、拉腳筋，忍著病痛堅持做下去，她常說面對病痛要忍耐，堅強的意志力也鼓舞了部落的病友。中風之前，姆姆用雙腳走路到部落各個角落撿拾回收物；現在的她一點也沒有放棄做環保的心願，仍騎著電動車到處收取回收資源、宣講她的環保理念。（2016.01，P53）

環保志工中最年長的姜流妹從75歲開始做環保，直至93歲過世為止，採訪者寫到她即使臥病在床，還是心繫環保，在長時間陷入昏沈，醒來唯一惦記的事就是：「我那把剪紙的剪刀放在哪？我要做環保」：

聊起姜流妹阿嬤的故事，兒子與媳婦可說

完全服了老人家對環保的堅持，直說：「她只要睜開眼睛，第一想到的就是環保！」不管天寒酷暑或是身體微恙，阿嬤就是不會打消做環保的念頭。即使臥病在床，長時間陷入昏沈，醒來唯一惦記的事就是：「我那把剪紙的剪刀放在哪？我要做環保。」（2017.12，P59）

病痛乃常人所不免，上述楊月華要忍受關節變形、僵硬的劇烈痛楚，可是他說自己做環保或搬東西的時候就不痛了；楊玉梅中風後藉由做環保當作復健，強迫自己扳手指、拉腳筋，忍著病痛堅持做下去，不願意放棄做環保。經由這些志工的現身說法，讀者不禁要好奇環保為何能有這種令人全身心投入的魅力？關於環保的敘事中，常提到因做環保而病痛痊癒、憂鬱煩惱解除的描寫，也許透過環保有健康療效的訊息傳遞，更能吸引退休或年長者投入；而透過這些身體有病痛的志工仍能精進做環保的示現，也給予讀者啟發與感動，引領讀者因受感動而跟進。

3、純淨不退轉的善念

《慈濟月刊》的採訪者特別強調環保志工皆具有善心善念，邱金秀只聽到有人說做環保可以助人，便義無反顧開始做環保；陳揚慈年紀輕輕便決定茹素護生，來自緬甸的翁所明只從電視上看到證嚴法師對環保的開示，便捐出回收給慈濟，心地慈悲柔軟顯然是這些受訪環保志工先天的特質：

（邱金秀）「有次阿嬤在雜貨店聽到有人說，做環保回收可以助人、賑災，深感貧窮之苦的阿嬤悲憫心一受啟發，便開始做起環保。」（2016.08，P44）

（陳揚慈）「天性善良，不僅對動物有悲憫心，從小就不愛吃肉，並向父母提出茹素的決定。」（2016.12，P56）

（翁所明）「從大愛電視看到上人在講述慈濟的環保志工與全球面臨的災害問題，開示內容令師兄深感認同契合，當下便決定將自己平常撿的回收物全捐給慈濟。」（2017.03，P61）

凡夫心容易因一時的辛苦或不順而道心退轉，為了避免懈怠或退轉，採訪者則特別強調這些善心善念不退轉的毅力與堅持，如寫白天在電子公司上班，晚上到餐廳兼職當服務生的林阿尨工作雖辛苦，因做環保感到無比滿足快樂，罹患癌症的王麗花體會到人生無常，因此提早退休，把握有限的時光勤做環保：

（林阿椻）「雖然一天做兩份工作，十分辛苦，但是一想到能做環保回收，讓師姑感到無比的滿足快樂！」（2017.09，P52）

（王麗花）「自己在生病前，只覺得利用空檔做環保就好，但生病後，卻有深刻體悟，要趕緊在呼吸間做環保，要不然就來不及了。」（2018.06，P25）

環保是辛苦的工作，要大街小巷、工廠、社區四處撿拾回收物，要清楚分類，要搬運笨重回收物，人力不足時，還得一人充當司機兼綑綁、搬運，陳揚慈的父親便是因長期搬運沈重的回收物，經常有腰痠背痛等症狀（2016.12，P58），蘇玉雲因做環保長年搬運重物，再加上骨質疏鬆導致脊椎日漸彎曲（2016.11，P38），採訪者強調的不是他們身體的衰敗，而是在做環保中，這些環保志工們堅強堪忍的精神力量，他們不僅不畏辛勞，即便身體不適，更要痛痛做，樂在其中，堅定不移，純淨助人的動機及付出無所求的善行，煥發出人性的光彩。

4、從己身力行不懈進而影響他人：

陳器阿嬤因為做環保之故，與小她二十歲的鄰居賴秀玉師姊結好緣，「環保心，母女情」的事蹟在社區發酵，影響大家紛紛響應做環保：

> 身為隔壁鄰居的賴秀玉師姊，與阿嬤年紀相差二十歲；每當秀玉師姊遇到委屈的事，阿嬤就成為最佳的傾聽者與開導者。秀玉師姊不捨阿嬤年紀大還要騎腳踏車奔波，遂在五十八歲學開車載回收，一減阿嬤的負擔。兩人接觸環保的因緣雖不同，但想幫上人出力的心念是一致的。「環保心，母女情」的事蹟在社區緩緩發酵，阿嬤平時待人和善的美名早在鄰里間廣為流傳，大家看到兩人一同在做環保，也紛紛學習響應。（2014.09，P41）

林月華的慈悲智慧，不僅展現在做環保上，更展現在接引更多的志工，提升大家的慧命：

> 做環保之餘，師姊利用大部分的時間走入各個村里、部落，關懷訪視個案的生活起居以及健康狀況，有時遇到的對象一臉醉醺醺，滿屋子酒氣沖天或是環境衛生不佳等，她總是以關心為優先，沒有絲毫掩鼻難耐的神情，只在乎能否給對方最需要的幫助。師姊還會適時的

鼓勵他們做志工，當個手心向下的人，成為貧中之富的菩薩。（2015.12，P60）

台中的翁所明是緬甸人，在台20餘年了，因為聽到上人開示提到素食的重要，不單對生態、環境都有幫助，而且對人體也相對健康又環保，於是自己當廚師、研究食譜，將素食和環保結合，開了素食店，嘉惠學子：

所明師兄的素食店附近正好是學區，為了讓更多孩子們能響應素食，因此只要學生願意吃素，師兄都會特別優惠，加量不加價，就連飯也會盛得比較多。（2017.03，P62）

證嚴法師說：「修行是要在環境中磨練出來」[7]、「環保站是心靈的妙道場」（2010，頁245），在慈濟強調吃苦了苦，苦盡甘來，經由投入環保工作，志工們的心靈得到淨化與提升，不再執著過去的痛苦，志工們悲苦的命運及身世，是淬礪奮發的磨練，過往的辛苦正是現在毅力韌性的培養土，跟過去的辛苦相比，環保工作是志工們快樂的選擇，在環保站他們感受到快樂、自信及有意義的生命價值。環保志工們不只自己做環保，還熱心的鼓勵周遭的人一起做，他們以自身行動無聲說法，藉由環

7《慈濟月刊》第289期，1990年12月，頁10。

保和眾人結好緣，而環保的範圍也從資源回收，擴及到了素食環保與心靈環保，朝向清淨在源頭邁進。

採訪者的觀察與讚嘆

又髒又亂的環保何以能讓這麼多志工恆持堅定的做下去？投入環保工作後，能為志工帶來什麼改變呢？《慈濟月刊》的採訪者透過志工的口述及自身的觀察，為讀者敘述了做環保後的好處及改變，其描寫如下：

一、力行環保，身心療癒

慈濟環保志工高齡者佔多數，老人家最怕孤單寂寞、生命不被需要、沒有成就感或價值感，因此對於年紀高齡的阿嬤志工們，採訪者會特別強調祖孫輩孺慕互動的溫馨畫面，讓人心頭一暖：

> 哪怕目前年歲已高，阿嬤做環保的信念仍堅持不移。有趣的是每當阿嬤外出做環保時，就會有幾位小朋友跟在身邊，慈藹的阿嬤，連純真的小孩也特別喜歡親近。（2014.09，P38）

行孝是慈濟強調的美德，環保老菩薩在做完環保工作回家後，能跟兒子共進晚餐，一起收看大愛台，跟兒子講述白日環保回收的狀況，這是多麼美好溫馨的畫面：

夜幕低垂，母子兩人坐在客廳，一邊吃晚餐，一邊看大愛臺。老菩薩講述白日環保回收的狀況，兒子分享上人所說的法，這是一天中溫馨的餐敘時光……兒子感念母恩，選擇走入慈濟，參加培訓，並發願接棒環保工作，做令母親歡喜的事來行孝。如今母承師志，子繼母志，是老菩薩最幸福的事！（2013.11，P94）

老人家總難免或多或少有些病病痛痛，採訪者轉述環保志工的自身經驗，認為做環保可以增進身體健康，忘卻病痛：

近年來師姑因為膝關節退化，舉手投足時常會感到痛楚，但她沒有因此停下腳步，反而說：「一整天做環保下來，我也忘記腳在痛。」（2017.09，P52）

環保站同時也是人情交流的好處所，有閒話家常的溫暖，有回收分類的分享：

每個星期固定有一天，鄉親會主動幫忙回收分類，除了閒話家常，還會彼此分享回收分類的經驗，增進情誼。在這裏，我們感受到人情的溫暖交流，「環保」是彼此共通的話題，同時串起

人人心中最純淨的善念。(2014.09,P41)

最重要的是讓需要鼓勵的人,獲得了貼心的關懷與支持:

> 師兄開始做環保後的一個月,又慣性喝酒,卻不慎跌倒,大腿骨受到嚴重損傷。在療傷期間,貼心的魏麗蘭師姊為他準備四腳枴杖,其他環保志工不間斷的關懷鼓勵,讓他感受到家人般的溫暖與包容,這一跌反而跌出改變的轉機,令他下定決心不再碰酒,往後的人生更要積極付出做環保。(2016.05,P42)

做環保可以獲得身心的療癒,除了孝順的親情滋潤,溫馨的鄉里情誼,病痛者在此可以忘卻病痛,甚至酗酒、憂鬱、巴金森等病症者,在此可以獲得改善,社會邊緣人在環保站裡,可以重新獲得良好的人際,感受到生命的價值與尊嚴,誠如何日生(2008)在《慈濟實踐美學》一書中所言,環保資源回收轉化了無數的生命,「它讓許多瀕臨破碎的家庭重建和諧,讓年老者身體越發健朗,讓殘疾者恢復尊嚴與自信,讓沈溺者得到心靈的昇華,讓抑鬱的病人獲得心理的抒解」(頁79),這也是《慈濟月刊》採訪者不斷強調的當環保志工的益處。

二、溫馨家庭，慈母形象

慈濟常標榜的是一種大家庭的文化，證嚴法師（2010）便云：「每次看到老少齊聚環保站，儘管忙碌卻有說有笑，宛如大家庭」（頁245），作為一個「家」的環保站而言，母親的角色不可或缺，《慈濟月刊》的採訪者喜歡用「母親」的形象來描寫這些任勞任怨，付出所求的環保志工，他們在自己全身心投入環保作之餘，還為其他志工張羅吃食，營造出家的溫暖感覺，「母親」、「媽媽」話語的背後，代表的是一種最親的敬意，如寫蘇玉雲是一位全然付出無怨無悔的母親：

> 玉雲師姊為了讓每天到來的環保志工有舒適的環境可工作，每天下午她要先將環境打掃一番，並將回收物資做初步的歸類，甚至還得要張羅環保志工的早餐、點心、茶水，盡可能地照顧每位志工的身與心。世界上有一種工作是每日超時加班，沒有升等加給，卻仍毫無怨言——那就是母親。玉雲師姊正是以母親的心，全然的布施，做在最前線，守到最後面。（2016.11，P41）

林月華是一位慈悲柔軟的慈母：

與月華師姊相處的這段時間，我們發現她就像一位慈母，以柔軟悲憫的心來關懷身邊人。……這裏的環保志工，幾乎每一位做環保的因緣都與月華師姊有關，他們都被師姊為人處世之真誠所感動，而師姊又扮演著大家長的角色，啟發人人心中的善念，讓善念循環，一生無量！（2015.12，P60）

宜蘭王麗花是一位熱心招呼的母親：

麗花師姊平時待人熱心又豪爽，總是像媽媽一樣關心身旁的人。（2018.06，P20）……正當大家專心做環保時，麗花師姊就像母親一樣，手中正忙著處理回收物，心裏就念著等會兒要準備什麼點心給志工們吃。（2018.06，P23）

台南張振欣則是關懷大家的父輩角色：

今年76歲的振欣師兄其實與社區環保志工的年歲相當，卻時常扮演父輩的角色關懷大家，著實像鄉里間的土地公。（2014.12，P36）

呂源和夫婦將緬甸來台的翁所明視為家人一般的照顧，而成為乾爸、乾媽：

所明師兄口中的「乾爸、乾媽」即是慈濟

志工呂源和師兄夫婦，呂師兄夫婦看他為人善良老實，在臺灣又孤苦無依，便視他如家人一樣關懷照顧。（2017.03，P61）

家是每個人休息再出發的場域，是提供溫暖、支持的地方，而母親就是撫慰、膚慰的角色，在環保站的場域中，眾人可以體會到付出的價值感，沒有利害關係的衝突，大家都是親近互愛的法親，在這裡可以無須任何理由的被愛、被包容，這種寬廣的、慈母的愛與包容，無疑是採訪者最想要傳達的吸引力。

三、佛心師志，不忘初衷

《慈濟月刊》是一份宗教刊物，宗旨之一便是闡揚佛教真諦，為此目的，採訪者在行文中不時帶入佛教的理念及語彙，其中更不乏證嚴法師的法音法語，如寫陳器面對別人耳語，甚至丈夫的斥責謾罵，從不輕易回嘴或起煩惱；翁所明自言信仰的力量伴他度過種種難關，呼籲大眾忍苦行善行菩薩道；張振欣慈眉善目，古道熱腸，眾人尊稱他為「菩薩」；林阿庭則每天早晨在觀音菩薩像前誦完一部《藥師經》後才展開一天的行動：

（陳器）「守住口業不與眾生結惡緣」（2014.09，P38）

(翁所明)「我們要忍苦才會找到明路，這個明路叫做『善』，而『善』就是佛陀走的路。」(2017.03，P58)

(張振欣)「彷彿千處祈求千處現的菩薩」(2014.12，P34)

(林阿慝)「每天早晨，固定在客廳的觀音菩薩像前誦完一部《藥師經》後才展開一天的行動。」(2017.09，P61)

除了文中屢屢出現的佛教話語，採訪者更不時要提到這些環保志工與上人的連結，如85歲的郭不聲稱這一份恆持20年的一念初心，當初是來自聽到上人的呼籲：

時光回溯至二十年前，老菩薩在花蓮聽到上人開示「垃圾變黃金，黃金變愛心」，不捨上人聲聲呼籲，遂恆持一念心做環保，將住屋旁的空地作為環保回收點，帶動鄰里響應，也感動兒子一同投入。(2013.11，P92)

七十七歲的王金蜜說他拚命做環保的動力是來自於愛上人，想幫上人，讓上人輕鬆一些：

我們不禁想問，撿回收沒有業績壓力，是什麼動力驅使阿嬤拚命去做環保？阿嬤笑著回

答：「上人要做的事很多，我沒辦法出錢，但是可以出力，在後面幫上人推一把，上人也比較輕鬆。」（2014.03，P45）

王麗花的積極則來自佛心師志，做上人想做的事：

從麗花師姊的舉手投足，我們感受到她對生命的珍惜，也看見當地環保的人文風景，不僅疼惜地球，也疼惜身旁的人，正所謂「做上人想做的事，愛上人所愛的人」，這就是心念最單純、最純樸的環保菩薩！」（2018.06，P25）

這些環保志工質樸樂觀，知足常樂，付出無所求，只因為愛上人及單純的助人心念，讓他們形象閃耀出動人的光輝，連採訪者都讚嘆他們是「心念最單純、最純樸的環保菩薩」。

四、採訪者讚嘆志工為活菩薩

鄭凱文（2012:60-71）認為和其他刊載佛教經論或義解型論文為主的佛教刊物相比，《慈濟月刊》有一種清新的風格，這種清新的風格係來自對真人真事的敘事書寫之外，亦緣於《慈濟月刊》的採訪者筆下流露出的對受訪者感性的讚嘆，如在楊玉梅的故事裡，強調即便宗教、種族不同，然而關懷眾生、不忍蒼生受苦的心念則相同：

一位原住民天主教徒，一個佛教慈善團體；他們因「愛」而相遇，因「環保」而互信相知，雖然彼此的宗教、族群不同，但是愛護大地、不忍蒼生受苦的心是一樣的，哪裏有需要，就到哪裏遍灑甘露。（2016.01，P54）

九十三歲的姜流妹阿嬤，即便已經時日不多，仍心心念念在環保，採訪者說這種守志不動的精神，正是上人最疼惜的：

阿嬤雖然受病痛折磨，但沒聽見她任何抱怨與哀號，就算知道自己僅存的時間不多，仍想把握做環保的機會，將生命用到極致。環保菩薩正知、正見，守志不動的精神，正是上人最疼惜的「草根菩提」。（2017.12，P59）

翁所明一雙鞋底壞了三次還捨不得丟，仍想辦法再修好，直到磨破底無法再修才忍痛捨棄，採訪者讚嘆他這種勤儉的精神，是上人所期許「清淨在源頭」的典範：

這或許聽起來令人難以置信，但這樣的惜福勤儉在現今的社會更顯難能可貴，不僅不浪費，又能降低物質享受，減少垃圾製

造，這正是上人所期許「清淨在源頭」的典範！（2017.03，P65）

寫跟拍蘇玉雲的經驗，採訪者都自覺辛苦了，但受訪者卻無畏無懼，精進勇猛，採訪者讚嘆他「真是以身作則的人品典範」：

我們一次的跟拍經驗就覺得十分辛苦，卻是師姊每天的固定行程。我們不禁問師姊，都不會累嗎？如果遇到颱風下雨怎麼辦？師姊的回答，令我們大為意外，她說：除非是機車被強風吹到無法騎，才會暫停。（2016.11，P42）

採訪者在採訪70歲的林阿慝，並跟拍他一天緊湊的行程後，寫道林阿慝阿嬤做環保是分分秒秒都在發揮生命價值：

在密集跟拍師姑的一日行程後，我們都想趁著空檔喘口氣，阿慝師姑卻完全沒在休息，我們不禁對她的體力與意志力感到歎服，原來師姑做環保做到了最高的境界——不僅是珍惜有形的物資，連無形的時間也一同珍視。捨不得休息的背後是為了珍惜有限的生命，讓還可以動的身軀，分分秒秒發揮無限的價

值。(2017.09，P57)

環保工作過程的甘苦與辛酸，真是如人飲水冷暖自知，表面看似輕鬆，背後卻是辛苦萬分，要細心耐心，要忍受髒亂，有時更要忍受旁人異樣的眼光，若不是具有超凡的意志與堅定的心念，是很難長久堅持，對於這些環保志工，採訪者常常忘情地讚嘆。沈孟湄(2012:146)曾指出傳統的傳播工作者在報導立場上會刻意和受訪者保持距離，本身不涉入任何感情或是主觀評價，但是在慈濟傳善的報導中，面對充滿大愛、慈悲的受訪對象和受訪情境，傳播者本身也常被報導對象或事件所感動，進而投注感情在報導的製作中。對《慈濟月刊》的採訪者而言，傳法、傳善是他們的工作，然而在採訪過程中，面對受訪者用生命歡喜付出的美善，也為採訪者帶來感動和啟發，故而筆下的撰述，因充滿了豐沛的情感而顯得特別動人。

結語

慈濟志業發展至今(2021)邁入55周年，以環保志業而論，全球共有16個國家地區一起進行愛護地球的行動，據行政院環境保護署2018年10月11日發佈環保統計《107 年版年報》表 6-14「環保志義工概況」，2017 年全臺環保志義工總人數為 207,587 人。2017 年《慈濟年鑑》記載，慈濟在台灣的環保志工人數為 88,254 人，由此得知，慈濟環保志工人數約佔全臺環保志工人數的 42.5%，意即五位環保志工當中即有兩位是慈濟志工，可見慈濟環保志業發展之蓬勃。

慈濟環保志業能發展迅速的主因之一，在其守護地球之餘，也傳達正信，宣揚美善，並以實際的環保實踐，感動並吸引了眾多追隨者熱情投入。昭慧法師（2014）曾提出宗教環保三部曲「抽象的核心價值→具象的人格典範→真象的生命故事」之說，以慈濟的環保志業發展觀察，套用此三部曲的發展軌跡，則可以用「佛法的核心價值→證嚴法師悲天憫人的人格典範→環保志工真實感人的生命故事或現實場景」來印證（頁 32）。《慈濟月刊》「大地保母」單元正是環保志工真實感人的生命故事的紀錄。這些受訪的環保志工的年齡分布從二十歲到九十三歲都有，背景有男性、有女性；有漢人、阿美族、太魯閣族、緬甸人；從《慈濟月刊》採訪人物的選擇顯示，環保志工是沒有年齡、性別、種族、地域的限制，映證了大愛無國界的概念。

這些志工們大都曾有悲苦的生命經驗，但是在其投入資源回收、分類的環保工作中，環保為他們除去了孤單與憂鬱，帶來了健康與歡喜，同時他們也感受到環保對其生命價值觀產生了改變與影響，在環保站中他們體會到為地球、為子孫努力的價值，體會到人與人相處的和睦、美善與尊重。環保志工由於己身身體力行、精進不懈的實踐，進而帶動、影響了周遭其他人，接引了更多人投入環保。

《慈濟月刊》的採訪者在傳達刊物理念的同時，也因環保回收真實場景的見證，及與受訪者的交談互動而深受感動，因此筆下的撰述往往充滿了豐沛的情感，不自覺流露出衷心的讚嘆，顯得特別動人。

環保是慈濟志工的實踐之一，環保志工們年資長達20餘年者比比皆是，這群高齡的老菩薩們以赤子之心為他人拾荒，展現了慈濟的另一種生命力，證嚴法師曾在社論中讚嘆說：

> 環保老菩薩的手和腳，是慈濟強調苦幹實幹利他精神的象徵。……我們可以說，慈濟的生命力來自老菩薩耐磨耐勞的精神，它使慈悲心得以落實，慈悲的腳步得以堅定，走得既深

且遠，並代代傳承下去。[8]（1997.02，P1）

「己度度人」是《慈濟月刊》的宗旨，《慈濟月刊》不同於傳統的善書，它不強調神蹟，也不是嚴肅的道德規範，它以一個個真實的小人物的生命故事，打動人心，在這些故事的敘事中，雖說有時不免過於感性，然而卻啟發了人心深處的慈悲能量，接引了芸芸眾生。

引用文獻

一、專書

申丹、王麗亞（2013）。**西方敘事學：經典與後經典**。北京：北京大學。

何日生（2008）。**慈濟實踐美學（下）**。臺北：立緒文化。

翁振盛、葉偉忠（2001）。**敘事學．風格學**。臺北：行政院文化建設委員會。

釋德檠（2010）。**靜思語的環保人生**。臺北：天下遠見。

釋證嚴（2010）。**清淨在源頭**。臺北：靜思人文。

釋證嚴（2016）。**與地球共生息**。臺北：靜思人文。

二、期刊論文

釋昭慧（2014）。「行入」慈濟大藏經—以慈濟落實「社

8《慈濟月刊》第363期，社論，1997年2月，頁1。

區倫理」的環保志業為例。**弘誓，127**，29-37。

鄭凱文（2012）。台灣佛教期刊發展探討—以〈慈濟月刊〉為例（1967-2012）。**佛教圖書館館刊，55**，60-71。

盧蕙馨（2004）。宗教敘事的培力－慈濟「善書」的形成分析。**新世紀宗教研究，2**，42-69

三、學位論文

沈孟湄（2012）。**從慈濟人文志業看宗教傳播的文化建構**。世新大學傳播研究所博士論文，未發表，台北市。

四、網路資料

《慈濟全球資訊網．慈濟基金會簡介》（http://www.tzuchi.org.tw/2017-11-20-00-12-02/2017-11-20-00-08-46/%E5%9F%BA%E9%87%91%E6%9C%83%E7%B0%A1%E4%BB%8B）

《慈濟全球資訊網．2017 慈濟年鑑》（http://www.tzuchi.org. tw/ebook/almanac/2017almanac/372-373/#zoom=z）

《慈濟全球資訊網．慈濟人物誌》（http://tw.tzuchi.org/waterdharma/index.php?option=com_content&view=section&layout=blog&id=14&Itemid=16）

行政院環境保護署《環保統計 107 年版年報》（https://www.epa.gov.tw/lp.asp?CtNode=34807&CtUnit=2611&BaseDSD=7&mp=epa&nowPage=2&pagesize=30）

陳哲霖師兄四川前進慈小環保教學（2012）
（慈濟大學川愛志工隊提供）

四川志工於成都圖書館宣導環保理念（2012）
（攝影／四川人文真善美）

第❽章
環保志工與正向心理發展：
心理文化的理論意義[1]

何縕琪、許木柱

（慈濟大學教育傳播學院院長、榮譽教授）

正向心理學研究旨在探討正向心理特質對人類社會的重要影響。1990年代開始積極倡議的正向心理學，強調智慧、勇氣、人道關懷、正義、修養、心靈超越等六大面向，其下並細分為24項正向的品格或美德；在24項特質中，感恩、知足、包容、善解、助人、正直等，都是慈濟人文的重要內涵。本研究運用人類學的深度訪談，探討為數眾多的慈濟志工，如何發展出正向的情緒與認知（如包容與感恩），從而衍生出正向行為（如助人行為與利他精神）。本研究透過出現在慈濟月刊、大愛

1 本文原刊載於許木柱、何日生（編著）（2012），《環境與宗教的對話》（頁319-373），經典雜誌出版。前文作者包括葉又華、盧弘慧二位研究助理，負責環保志工之訪問。本文參考羅世明等（2020），《地球事，我的事》一書，同時為配合本書字數限制與版面編排，內容與版面均有調整，並承蒙美國阿肯色州立大學（Fort Smith）英文系李安齊（Ann-Gee Lee）助理教授補充前文遺漏的引用書目，謹此致謝。

台相關節目40位環志工的資料，以及訪談台灣北中南東四區總計60位慈濟環保志工的文本資料進行初步分析，研究結果發現：(1) 志工參加環保工作大多有其獨特的過程與動機；(2) 加入志工行列大多受到有意義他人的影響，特別是證嚴法師、大愛電視台、慈濟委員等；(3) 基於個人的生命經驗，不同志工從環保工作所覺知或追尋的意義也各有不同；(4) 正向意義的覺知可強化助人精神、身心安適。這些研究發現一方面驗證了正向心理學與象徵互動論的理論觀點，同時指出參與環保工作對志工個人生命意義的轉化與利他行為具有重要的影響。

前言

全球氣候近20年來的快速變化，使得環境保護成為重要的全球化政策，聯合國氣候變化綱要公約參加國於1997年12月在日本京都召開第三次會議而制定《京都議定書》(Kyoto Protocol)，自2005年開始生效，2012年結束，其目標是將大氣中的溫室氣體含量控制在比1990年減少5%的水平（但各國減量比例不同），以避免急劇的氣候改變對人類造成傷害。目前已經簽署《京都議定書》的183個國家（不包括排放量佔世界25%的美國），都期望在一定期間內，減少本國的排碳量。更完整的氣候公約沿革請參見羅世明（2020）。

前述的環境保護公約以重大的節能減碳政策為目標，但以個人與社區為對象的環保概念，卻是慈濟已經推動20年的重要措施。於1966年創立佛教慈濟基金會的證嚴法師，1990年在臺中新民商工演講時，期勉聽眾「用鼓掌的雙手做環保」，並且透過資源回收的一部份所得，捐助給以報真導正人文精神為目標的慈濟人文志業，包括大愛電視台與經典雜誌等，讓「垃圾變黃金，黃金變清流，清流繞地球」。法師一句輕輕的呼籲，啟動慈濟志工力行環保，用雙手雙腳護衛地球資源，甚至帶動社區居民與學校，迄今未曾稍歇。

近年來氣候轉變劇烈，環境污染、水土失調，天災、人禍頻傳，證嚴法師期待慈濟人能廣結善緣，在人心迷亂之際，能去除亂象而致祥和。慈濟的環保不僅強調用雙手「膚」慰地球，讓地球重現生機，而且希望環保志工能用「心」護地球，回歸每個人的清淨本性，透過少欲知足的簡樸生活來減少垃圾量。這種觀念也相應了佛教萬物眾生平等的精神，因而所有物命都必須珍惜，不可浪費包括自然萬物在內的任何資源。總而言之，對慈濟人而言，環保是高度愛心的表現，不但可自我造福，也對社會有貢獻。

一位慈濟委員年幼稚女有多重障礙，在遭逢各種異樣的眼光與親子互動的困境後，她逐漸孤立自己，並陷入高度的憂鬱。因為偶然的因緣而加入慈濟，帶著孩子擔任環保志工，一段時間後，親子關係及自己的心靈都有明顯的轉變。2010 年初，埔里一位慈濟志工因遭逢家庭巨變出現身心適應問題，但加入慈濟志工後，精神狀況明顯改善，甚至承擔重要的社區幹部。這些故事顯示：志工服務，特別是環保志工，不僅影響人類外在環境的永續發展，也促進個人內在環境的改變，也就是所謂的「心靈環保」，或是宗教學與心理學所說的「心靈轉化」。

慈濟志工的特色之一是臉上經常展現愉快的神情，也就是慈濟人所說的擦了「慈濟面霜」，慈濟環保志工也不例外。這種愉悅的心情正是 1990 年代崛起於美國的正向心理學（positive psychology，或稱積極心理學）所強調的正向心理特質之一。慈濟志工如何形塑正向的特質？這些特質對志工個人及社會有何影響？透過臺灣的本土資料不僅可以驗證並建構正向心理學的理論，而且可以彰顯志工行為的學術意義，甚至可以使志工行為成為民眾的楷模角色，引發更多民眾發展出正向的心理特質，如此，對個人及社會都具有重要的實用意義。

慈善環保：心靈的道場

證嚴法師在1990年到臺中市新民商工演講，中途經過一個傳統市集，前一晚堆積的垃圾還來不及清理而髒亂不堪，上人在演講後鼓勵聽眾：「請大家把鼓掌的雙手，用在撿垃圾、掃街道、做資源回收，讓我們這片土地變成淨土：垃圾變黃金、黃金變愛心」（趙賢明，2006；釋德傘，2009）。John Wiley出版公司於2010年出版 *Tzu Chi: Serving with Compassion*（慈濟：慈悲濟世），作者Mark O'Neill在這一本英文專書中，提到住在西螺一位88歲環保老菩薩，每天清晨四點就推著小車到街上回收塑膠瓶、可樂罐等。O'Neill認為慈濟的環保工作有二個重要的目標：一是可以打造一個乾淨的地球，二是將回收物變賣後捐給大愛電視台，更有淨化人心的作用（O'Neill 2010:166）。

當許多科學家與一部份環保人士致力於全球性的環境問題，如氣候變遷導致風災、水災或土石流問題時，慈濟的環保工作從一開始就聚焦於家庭與社區環保。雖然二者的切入點有別，但是目標一致：一、期望天下無災無難（Lorimer, 2010）；二、都強調環保的基本元素 3R，即資源回收（recycle）、再利用（reuse）、垃圾減量（reduce）。慈濟的環保觀念另外加上二個 R 而成為 5R：（1）拒絕使用不環保的物質（refuse）；（2）尊重（respect）物命（另參見顏博文，2020）。前者的例子如不使用高耗能的物品，儘量使用環保材質、綠建築、乾淨能源、減少碳足跡與食物里程等，後者如尊重所有生命與物命，包括素食、廚餘回收等。

證嚴法師對於人和環境的問題，有許多睿智的先見之明。例如花蓮慈濟醫院於 1986 年 8 月 17 日落成啟業，隨即推動「住院不須保證金」制度，這個革命性的措施引起社會輿論廣泛而熱烈的討論。同年 12 月，衛生署通函各公立醫院及財團法人醫院，自 1987 年元月起，取消住院保證金的規定，對於窮苦病患有如雨後甘霖（參見本叢書第四冊醫療志業第一章）。

慈濟的環境保育思維也比政府部門提早很多年啟動，包括率先使用自備的水杯、碗、筷等慈濟三寶、自備購物袋、減少使用塑膠袋、精細的資源分類、紙張雙面列印、鼓勵走路或騎單車、儘量使用自然光與自然風等。臺北市政府於2000年7月1日起，禁止市內各大賣場提供免費的塑膠袋，鼓勵消費者使用可重複使用的環保購物袋。並於2016年8月開始，禁止臺北市各級學校校園內販售瓶裝水，同時禁用一次性及美耐皿餐具。行政院環保署於2002年及2003年分二階段推動「購物用塑膠袋及塑膠類免洗餐具限制使用政策」，2006年7月及9月推動「政府機關及學校餐廳禁用免洗餐具」，2007年7月1日實施《推動政府機關、學校紙杯減量方案》，通令各政府機構與學校禁用一次性的瓶裝水、紙杯等。

慈濟四大志業體本身的建築物和慈善援建的學校與大愛村，絕大多數都是以連鎖磚鋪成道路，目的是希望讓，雨水能滲透到地下，保護地下水層。即使在災難救援中，慈濟也注意到環保的問題，例如為臺灣中部921地震災民援建組合屋時，使用可重覆拆卸與再利用的材料；慈濟援建的50所921希望工程及為2009年八月南部莫拉克颱風災民所蓋的永久屋，都注意到自然光與自然風、雨水回收等問題（賴怡伶、涂心怡，2010）。

慈濟環保志工對於志願服務的理念，受到證嚴法師的深刻影響，不僅對臺灣自然環境的永續發展扮演啟蒙的角色（梁雙蓮，2005），而且大多數志工都將環保視為個人的修行，亦即將環保站在內的生活場域都當做「道場」，也就是「修道」之所。慈濟各個環保教育站或靜思堂都會出現二面旗幟：「法譬如水潤蒼生，廣行環保弘人文」，貼切地映照出慈濟始終一貫的人本思維。

志工服務與正向心理

志工服務已經成為普世讚賞的行為，許多研究指出志工服務對整體社會及志工個人，都具有極為正向的貢獻與意義。以美國為例，成人志工不僅創造出高達千億美元的價值，而且對社會民眾的安適感（well-being）與個人獨特的心理特質都具有重要的意義（Matsuba, Hart & Atkins, 2007）。Musicka & Wilson（2003） 及 Borgonovi（2008）在美國的研究，都發現參與志工服務的人呈現出比較快樂與心理健康（減低憂鬱）的傾向。

到目前為止，性格心理學或健康心理學長期關注的問題以比較嚴重的社會偏差行為或心理健康問題為主，較少著重正向的情緒與其他心理特質在人類社會生活中扮演的正面角色。但 1990 年代逐漸盛行的正向心理學研究，認為對人類行為與心理的完整瞭解，不應過度偏重負面問題的探討，應該同時探索正向心理的本質、發展與影響，建議以人類正向心理特質為研究焦點（Snyder & Lopez 2007:8-9）。心理學家 Seligman 於 1988 年擔任美國心理學會會長後，大力倡議投入美德、長處、幸福感、樂觀等正向心理學概念的研究。

正向心理學者將研究的範疇聚焦於個人的正向經驗與品格長處（Duckworth, Steen, & Seligman, 2005），主要目標在提升個人的基本能力，如樂觀、勇氣、誠實等，藉以促使個人發掘內在的心理能量，因而可以順利渡過挫折或逆境，甚至積極重建個人的尊嚴、幸福感（快樂感），而且可以使人際關係更為和諧與圓滿（Seligman & Csikszentmihalyi, 2000）。

正向心理學強調智慧、勇氣、人道關懷、正義、修養、心靈超越等六大面向，統稱為「人類長處」（human strengths），其下並細分為 24 項正向的品格或美德（MuCullough and Snyder, 2000）。正向心理學家所提出的 24 項特質中，感恩、知足、包容、善解、助人、正直等，都是慈濟人文的重要內涵。證嚴法師不斷期勉慈濟委員及志工落實慈濟的人文精神，而慈濟志工在慈善、醫療等層面所展現的人道精神，也受到高度的肯定與矚目。但是大多數有關慈濟志工的報導都以概括性的敘述為主，較少研究採取系統性的方法，以個人為單位進行深入的探討，並檢證現有的正向心理學與心理人類學理論。在此情況下，值得探討的問題是：慈濟志工具有哪些正向特質（如感恩、包容）？他/她們如何發展出這些特質？而這些正向特質對慈濟志工有什麼影響？

關於正向心理特質的探討，我們特別注意與理論及實踐相關的三個問題；第一，諸多正向心理特質之間的關係，例如感恩、仁慈、利他、助人等，是否連結成為一個緊密關聯而完全無法切割的整體？第二，正向特質被培育與發展的過程與動力。第三，不同正向特質的效應之比較。不同的學者都曾經碰觸到這三個重要議題，例如 Emmons & Shelton（2002）在一篇探討感恩的文章中，認為在每日生活經驗中形塑而成的對別人的讚賞與感激（appreciation），會使一個自我實現者「獲得愉悅、激勵與因快樂而產生的力量」。該文同時指出感恩這種愉悅的狀態，會和知足（contentment）、快樂、自傲與希望感等特質相聯結（Emmons & Shelton 2002:460）。

這些研究大致上指出各個正向特質間可能的關係，但是如 Magnusson & Mahony（2003）提出的觀點，這些研究結果畢竟是一種同時限研究的產物，只能確定它們之間的相關，為了真正瞭解它們是否具有因果關係，需要採取發展的研究途徑，從個體的縱向發展入手，而且將個人的心性（mind）與行為置於個人所處的社會文化脈絡中，才有可能瞭解它們彼此間的因果關係。本文對於慈濟環保志工正向心理發展的研究，即是採取此種發展的動態觀點。

在其他特質方面，「慈悲」（compassion）不僅是一種情緒或道德感，而且是利他主義（altruism）的重要基石。西方學者認為慈悲有三個基本條件：一為感受到受苦者受苦狀況的嚴重性，二是認為受苦是因他力造成，而非受苦者自作自受，三是能夠感同深受，因此關係較近或較相似者（如相同年齡、性別或職業者）所發生的苦難，較易引發個人的慈悲心；而引發慈善心的心理機制是與他人的連結與認同（Cassell, 2003）。另有一些學者將利他主義和同理心（empathy）合併討論，認為兩者之間具有高度相關，亦即一個人的同理心如果被誘發出來，將比較可能感同深受，從而展現出利他的行為，這就是「同理心—利他主義假設」（empathy-altruism hypothesis），這個假設獲得心理學實證研究的支持（Bateson, Ahmad, Lishner & Tsang 2003:488-489）。

換言之，激發利他行為或動機的最佳途徑是先引發同理心。問題是：同理心到底是人類天生的本性（disposition）或人格（personality），或是特殊情境下的產物（situation- specific）？如果是人類的本性或人格特質，那麼嬰幼兒的教養方式就佔有極重要的地位；如果是特殊情境下的產物，情境的塑造就成了關鍵所在。對於這個根本問題，目前心理學家的同理心概念幾乎都傾向於情境論（Bateson *et al*., 2003:488），也就是說，如何形塑一個較容易激發同理心的環境，就成了影響實踐慈悲心的重要因素。但是如下文即將提及，我們對慈濟環保志工的研究結果，認為天性與情境都是導致同理心與利他行為的重要因子。

意義追尋與發現價值

在探討志工的正向心理特質發展時，「意義」（meaning）這個概念具有不可忽視的重要性。個體在呈現或發展其心理特質，並據以引導產生後續的助人行為、利他精神，或是自覺身心安適或自我克制（self-regulation）的過程中，必然是因為他/她們對於發生的事物產生意義的聯結，包括正面或負面意義的認知或形塑。但不管如何，意義的覺知對人類心理與行為具有高度的重要性。

人們在遭受嚴重的失落經驗後，如何轉化為正向心理，使失落者從挫折中成長？有些學者認為個人對「意義」的建構是其中一個關鍵因素。Davis *et al*.（1998）提出兩種意義建構的過程：（1）「找到意義」（making sense of loss）；（2）在適應過程中「發現價值」（perceiving benefits or positive）。Nolen-Hoeksema & Davis（2002）認為這兩種「意義」都可導致個人的成長與正向轉換。

「找到意義」係從個人的價值觀去瞭解所發生的事件，這種意義的觀點明顯具有詮釋論的取向；「發現價值」則為「意圖瞭解」該事件對個人生命的價值（Nolen-Hoeksema & Davis 2002:600），這個觀點傾向於功能論的角度。他們認為這兩種意義的形成係基於不同的過程，而且源自不同的影響因素、時程及結果。他們在舊金山灣區進行史丹佛大學哀傷研究計畫，從該地區的安寧病房邀請喪失親人好友者加入，在親友往生之前即進行結構式及個人訪談，並在其後的1,6,13,18個月繼續訪談，結果發現：（1）受訪者有65%「找到意義」，75%「發現價值」，而這兩個群體很少重疊；（2）雖然兩者都有助於健康改善，但事發後六個月內還無法找到意義者，以後也不容易找到；(3) 發現價值者的情緒適應在後三次訪問中均有顯著改善。此外，情緒適應程度隨時間而加大，較晚期才發現價值者，情緒穩定之作用越大（頁 601）。

這個研究雖然在探討「找到意義」與「發現價值」對受苦情緒的正面效應，但也適用於一部份慈濟志工，因為在加入志工行列前，有些志工曾遭逢相當程度的受苦經驗，例如《殘缺的喜捨：身殘心不殘，環保志工的故事》一書，記錄了 21 位身體殘缺的民眾，如何以感恩、知足的心做環保，從助人利他而體會到生命的意義與價值，例如雙腳不良於行的金川與阿發師兄、血小板嚴重不足而經常跌倒的金蟬師姐、視力只有 0.02 的富元師兄，都是讓人為之動容的故事（釋德㮳，2009）。

問題是「發現價值」只是在適應創傷（coping），或是真正的情緒轉化（emotional transformation）？適應論者強調創傷經驗導致生活目標的重整，強化個人的自尊感；轉化論者強調情境與生活課題的急遽改變，個人的角色與自我察覺亦隨之改變，從而導致情緒發展的變遷。我們認為情緒轉化與適應是一體的兩面，端視探討重點是放在環境的改變或個人的主觀覺知。但不管採取哪一種理論，所有研究都發現情感或情緒受創者在情緒轉化後，在性格成長、視野擴大、關係增強等三個面向都有顯著的獲益。他們發現下列三者比較可能「發現正向價值」：(1) 性格傾向比較樂觀者；(2) 對創傷越多加以評價，即越能勇敢面對問題者，越趨於正向思考；(3) 積極解決問題者、尋求社會支持者，以及建設性地表露情緒者（積極行動派，對未來存有希望）(Nolen-Hoeksema & Davis 2002:601-4)。

對意義和價值的思考與正向心理發展密切相關，亦為本文對慈濟環保志工分析的主軸。

慈濟環保志工的正向心理發展

本文根據二方面的資料分析慈濟環保志工的正向心理發展：一為慈濟月刊所刊載或大愛電視台「草根菩提」節目呈現的 40 位慈濟環保志工的資料，二為我們在臺灣的臺北、臺中、臺南與高雄，以及東部的花蓮，透過人類學的深度訪談法，依據訪問提綱另外訪問 60 位環保志工。根據這二類資料的文本分析，我們提出下列四點初步發現：(1) 志工參加環保工作大多有其獨特的過程與動機；(2) 基於個人的生命經驗，不同志工從環保工作所覺知或追尋的意義也各有不同；(3) 加入環保志工引發對生命意義的覺知與體悟、(4) 投入環保強化志工的助人精神、身心安適。這些研究發現一方面驗證了正向心理學的理論觀點，同時指出慈濟志工參與環保工作對個人生命意義的轉化具有重要的貢獻。

一、多數志工大多有其獨特的過程與動機。

受訪的環保志工對於加入志工行列的心路歷程都記憶猶新，他 / 她們的話語顯示出個人獨特的過程與動機，而且大多受到有意義他人的影響。在加入環保志工的過程與持續擔任志工的動機方面，慈濟志工展現二個基本特性：(1) 認同慈濟的行善與環保理念，相信環保對拯救地球有影響；(2) 自己或家人找到正向的意義。

多數環保志工加入慈濟環保的特殊因緣，有部份屬於負面的生命經驗，例如親人死亡、親人或子女身心問題、自己生活習慣或個性不好等。在個人特質與特殊事件的牽引下，多數志工都因為受到有意義他人（significant others）的影響，因為感動而加入志工行列；其中多數為聽到證嚴法師的開示、目睹或遇到慈濟人的事蹟、受到親人或慈濟師兄姐的關懷或影響等。相當多環保志工因為目睹 1999 年中部 921 大地震生命驟逝的悲慘，或因其他因緣而參與慈濟的希望工程援助，顯示參與志工的過程經常是因生活事件及與他人互動的結果。以下幾位志工的自我報導為典型的例證。

臺北一位男性志工從小到大都過著純樸生活，到北部來，發現環境一直在惡化。有一次隨一位慈濟委員到花蓮參觀第一期剛完工的慈濟醫院，他的注意力從看風景的心情，轉移到上人的理念，他認為出家人能夠做到這樣，感覺很感動，自覺渺小，晚上回來就湊三萬捐出去。加入環保志工的因緣是因證嚴法師在板橋體育館舉行幸福人生講座，聽到上人的開示就知道怎麼做環保。

高雄一位男性志工擔任環保志工原本只是基於愛護地球的動機，但加入環保志工行列後，卻發現家人的健康也受惠很大：

> 我跟我同修（妻子）兩個人踏入慈濟幾年之後，環保就帶進家裡做，就帶我爸爸進來做。他酒喝了30幾年，抽菸，嚼檳榔都有！但是他進來做幾年，就慢慢慢慢的把酒戒掉，檳榔也戒掉，菸也戒掉了。（高雄1號受訪者）

住在花蓮一位少數民族女性志工，從小家庭經濟狀況差，長大後的二段婚姻都讓她覺得心酸，心情不好而有壓力，不安全感導致喝酒。她坦言喝醉後雖然暫時不會想什麼，但是酒癮很痛苦，吃不下東西，而且會發脾氣、傷心、罵小孩。在一次因為喝酒而差一點中風後，曾住院治療並接受慈濟幫助，有一位在地的慈濟委員持續關心與陪伴，心情逐漸改變。有一次參加慈濟每年為感恩戶舉辦的冬令發放及吃年夜飯，領了一些救助金和生活物質，心裡更加感恩。後來有機會看大愛台的草根菩提節目，認為環保可以保護地球，就決定加入環保志工行列。這位志工接受訪問時，臉上總是笑容滿面，一掃過去的陰霾，認為做環保不僅可以將垃圾變黃金，並且可以保護地球，更可以和鄰居結好緣，甚至有更多機會幫助鄰居，因此覺得很快樂。

二、加入志工行列大多受到有意義他人的影響。

慈濟志工加入環保工作的過程中，主要受到證嚴法師、慈濟委員的影響，有些志工則是透過大愛台或慈濟月刊，因瞭解、認同而加入環保志工。此外，雖然並非所有受訪者剛開始做環保時都獲得家人的支持，但家人最後的積極支持，甚至一起加入，也形成持續做環保的動力。以下的報導顯示這些有意義他人的影響。

上人給我們方向，我們就要去做。將掃馬

路當成街頭修行，上人說只要抓到對的、好的方法，那就是【修心】妙法。（臺北1號受訪者）

臺北一位女性志工與帶領的慈濟委員都是家庭主婦，對環保事務沒經驗，沒有場地設備，也曾因回收物堆放導致燃燒的公共安全問題，遭鄰居反對。於是開始思考找場地、找志工。她認為：

因為上人一路上一直一直引導才有這樣子的（成果）……志工的心態就是覺得跟著上人的腳步走就對了，當初的理念是這樣子，也不知道這個資源到最後是一個愛護地球的那一種狀況啦！只是說資源要再利用是一個真正的目的啦！（臺北2號受訪者）

在高雄的二位志工分別接觸到上人的思想或鼓勵而改變個性：

上人說要修養，自己去修養內在。修就是有時從平常事看不出來，但是在做的當下有無名火上來時，想到上人有些話，又把無名火降下來了。（高雄1號受訪者）

2002年上人到我們那一站去，上人祝福那句話就是說「眼盲心不盲」，那時候更能把心放

下來，等於說沒有自卑啦。（高雄4號受訪者）

有些志工則受到父母、兄嫂、配偶等家人的支持，或慈濟委員的溫馨關懷而產生正向的心理：

二哥、二嫂會帶我到那個環保站去，我覺得這邊也是蠻好的，像一家人一樣，那就會把心打開……其實那些志工，我不管到哪哩，也是蠻疼我的，好像是家裡的人一樣疼我，他們都是我的貴人。師姑這麼耐心帶我們的話，真的是很好，師姑都很願意很有耐心，就是這樣慢慢慢慢的走出來。（臺北2號受訪者）

姊姊幫人收慈濟的捐款，有時請我幫忙代收。花蓮慈濟醫院需要病床，捐病床是好事，因而就捐了病床。有一位資深慈濟委員邀去花蓮，我想花蓮是個淨土，最沒有受污染，因而兄弟、朋友幾十個人，隨師姐一起到花蓮。（臺北1號受訪者）

媽媽對阿嬤很孝順，有這樣的媽媽教導我們，結果我們對媽媽也同樣很孝順……爸爸也是非常樂善好施。與丈夫吵架，在一個禪寺看到寒山與拾得禪師對話的（勸世文），體會「忍他、耐他、聽他、不要理他」的意義。接觸慈濟後，從慈濟月刊、慈濟道侶等刊物，讀到上人的開示。我做環保的時候，先生【丈夫】他一直護持我，我也很感恩他。(臺中5號受訪者)

三、加入環保志工引發對生命意義的覺知與體悟。

多數環保志工在加入環保工作後，個人所覺知或感受到的意義各有不同，但多數志工都認為對生命的本質有不同的體會，一改過去的奢華、習性或負面情緒（如暴躁、憤怒、憂鬱、悲傷），不僅生活變得簡樸，也改變待人處事的方式。所有受訪的環保志工都清楚顯，環保工作使志工對過去的生命經驗有一番嶄新而超越的覺醒。以下數例可清楚說明。

臺北1號男性志工也對證嚴法師所說的佛法有一番體悟。他說：

身殘不是殘，心殘才是真殘。一切是因緣，只要有心。上人說我們一個人長那麼大了，不要被一個兩吋菸把我們給控制住了。有時會無力與氣餒，但是上人說藉事練心，隨遇而安。以上人的思想體系做為精神引導，志工甘願做，歡喜受。一切事在人為，把握現在。

只要有心，把大地當母親。

臺北一位女性志工明顯體悟到人性的貪婪，因而從行動中實踐惜福的正向特質：

> 為什麼說環保是第一道法門，這第一道法門進來的時候，你知道上人的法了…因為師兄姊跟著上人的腳步走，知道怎麼去接引這一些志工，接引這一些人，願意來心靈的淨化，所以從有形的到心靈的淨化是很重要的……珍惜物命的那一種心，那一種心靈的淨化真的很重要，而且由珍惜物命裡面，你可以【延伸】到人喔，真的那一種貪！人為什麼會貪？為什麼要這麼吃，餐餐吃山珍【海味】？為什麼會氣？從做裡面，透過做，你可以真正了解，有很多事情要透過做，你才會感受。（臺北2號受訪者）

家住臺中的一位女性志工原本受苦於丈夫的冷言冷語，加入慈濟後的體悟，終於能夠以業力詮釋，消除煩惱，進而形成知足、感恩之心。她說證嚴法師在夢中鼓勵她自我成長，激發她積極推動環保的行動。對於丈夫的問題，她說：

> 他對我們越壞的時候，我們要感恩他，他

較輕鬆。

高雄男性志工曾經有過相當火爆的性格，加入慈濟後有很大的改變。他說：

事實上我要感恩我爸爸，雖然他有喝酒但是不會讓我們煩惱很多東西。加入慈濟後，我們習性改很多。像我大兒子以前讀書不聽話，就拿水管剪一段打他，再不聽話，又生氣，無名火一上來，就是一直打人，打到最後，想一想孩子也是沒有改變，所以最後用我們慈濟的精神，用愛來感化他……有時候也不要計較太多啦，沒有就沒有了，你去計較那麼多沒有用，有形也好，無形也好，就是收穫會很多。

在比較之後，他深深體會惜福的正向特質：

很感恩有慈濟這個團體，就是你跟人家接觸，很多好緣，好緣就等到你最需要的時候給你安慰，心靈上也比較不會說很空虛。所以說人要修啦！要不然做一做到最後很多無明出來，就會亂掉很多事情。

四、正向意義的覺知可強化助人精神、身心安適。

在積極投入環保工作後，多數志工因為感受到不同的生命意義，大多會改變過去的生活習慣，如抽煙、喝酒、賭博，或改變以往暴躁的個性或負面情緒。這種改變強化了志工的助人精神或利他行為，多數志工都因而積極投入各種類型的助人工作，除了環保工作外，多數志工並擔任慈濟醫療志工，或在自己社區進行社區服務。另一方面，許多志工投入環保工作後，在與別人互動時也和顏悅色，多數志工都受到慈濟「四神湯」（知足、感恩、包容、善解）的影響，身心都比較安適。

僅剩一隻眼睛勉強可看見光影的高雄環保志工，由於證嚴法師的開示，讓她覺得：

> 我們四肢還健全，所以更能跨出來。開始跟著那些師姑師伯，她們有活動像是訪視，就帶著出去了。其實我的人生觀本來就很樂觀，只是說那個圈子很小。走入慈濟就是那個緣結的很廣。做環保，生命上比較開。生活愈簡單越好，有時間再去承擔！我 19 歲的時候，父親還好好一個人，這樣……就走了，覺得生命很無常，讓我更要積極的趕快把我的有生（好好利用）。

此外，她也參加公祭、助念、訪視的志工活動，同時在醫院擔任志工，以身示現，鼓勵病人堅強。她說：

意義無限，所以我一直要趕快把握時間，能快付出。」

雄一位男性志工受到證嚴法師的影響，和顧客談生意時比較不會打妄語，顯示慈濟精神影響他對他人的行為與態度，他個人的正向心理也有明顯的改變：

> 人走到一個階段，要修，像伸出去手指頭要修到沒有手指頭去對人家，比較圓融，從那時聽這段話也很有道理，那個過程要修得更好，就慢慢去學啊！有一個善解的心出來，當然你會善解他，就會包容他啊！但是做錯事情也是要把他矯正過來。

證嚴法師的開示使原本苦於和丈夫互動的臺中女性志工，產生正向的意義詮釋，不僅使原本苦惱的心得以安住，進而有能量去包容與付出：

> 我一直把家庭顧得好好的，幫他共同持家，為什麼他用那種冷言冷語對我？有一次……師父跟我說：「大澈大悟，小澈小悟啊。」我都不澈啊，我都悟不出來。結果我是看到師父才去悟到，看到師父的臉，我才悟到：原來要這樣子，才不會再這樣子自己放不下，對他

> 我們真的要感恩。師父說：「愛你的朋友不稀奇，愛你的敵人才偉大。」在那個時候就是自我成長，自己要肯承擔，其實就是一份愛大地的心啦，這樣身體力行的做，都沒有後悔啦。

目前帶領臺中地區100多位環保志工的一位男性志工，對於「知足、感恩、包容、善解」慈濟四神湯的正向理念，有獨特的體會。他說：

> 四神湯說是大家都會說，但是做就沒那麼簡單。我們都是感恩啦，感恩那些志工。當初我在做的時候，也有人說你做一做，錢就拿去私人的口袋裡。我就說佛教徒喔，因緣果報，上人說佛教徒就要信因果，不信因果你學佛就沒有意義。

對於「知足」，他舉臺灣民間的說法來詮釋：「世俗說的『一欠九』嘛，如果已有一千萬，你會想要九千萬來湊成一億對不對？『一欠九』嘛，沒完沒了。」此外，他也坦言證嚴法師的《靜思語》對他的影響，例如「甘願做、歡喜受」，他認為這樣才會做得歡喜，不會起煩惱。他當初買了一個房子，出去看到別人的房子比較大間，就想說換一間較大間的，但是看到「屋寬不如心

結語：環保志工正向心理發展的理論價值

在探討人與環境的關係時，生態人類學家 Emilio Moran（2010:25-48）認為社會科學理論主要聚焦於下列六個方向：(1) 人口成長與科技發展；(2) 家庭發展與都會擴張；(3) 政治經濟學：跨國開發與國際競爭；(4) 歷史生態學：環境變遷與人類行動；(5) 經濟心理學：收入與消費；(6) 文化生態學：資源、科技與行為。我們對慈濟環保志工的研究和後面三種觀點較為相關，特別是在個人的環境認知、行為動機、意義建構等三個面向。環境人類學家 Veronica Strang（2009）則認為環境不只是生態的問題，而且是社會文化的現象，並涉及特殊的信仰、價值觀與實踐的方式。

上述觀點基本上融合了正向心理學和心理人類學的理論觀點，特別是 John Whiting（1978）和許烺光院士（Francis Hsu, 1985）等心理人類學者的心理文化觀點（psychocultural perspective），以及教育心理學家 Urie Bronfenbrenner（1975）有關人類發展的系統理論觀點。這些觀點強調人類的心念與行為受到個人本身特質與其所處環境的影響，這些較為廣闊的理論視野對志工行為提出比較寬廣的解釋，可增進我們對志工行動的深刻瞭解。

本研究與這些多面向觀點一致，我們將慈濟志工投入環保的現象，置於臺灣環境問題與慈濟發展的社會文化脈絡中，深入解讀慈濟志工的心路歷程、主觀經驗、對環境保護的理念、信仰與價值觀，以及影響志工實踐環境保護的主要因素。

本研究透過臺灣北中南東四區60位慈濟環保志工的深度訪談資料，採用內容分析方法，歸納出志工主觀經驗呈現的幾個主題。本文所提出來的四個主題一方面呼應了1990年代興起的正向心理學理論觀點，即正向心理特質有助於人類渡過心理甚至身體的困境。其中關鍵的理論議題是：哪些情境或特殊事物或他人，對處於逆境的個人在認知或態度上，重新解讀過去經驗的意義，做出正向的思考，因而可以將過去的困境轉化為順境，甚至產生顯著的影響，積極投入利他的行動。所有受訪志工明顯地受到慈濟基金會創辦人證嚴法師的影響，都是直接或間接認識法師的環保理念，不管接觸的管道與方式如何，志工們會根據自己的生命經驗，去貼近並解讀上人的理念，進而積極投入保護地球的使命。

清華大學的人類學家黃倩玉教授（2009）在探討慈濟發展的專書 *Charisma and Compassion: Cheng Yen and Buddhist Tzu Chi Movement*（《魅力與慈悲：證嚴與佛教慈濟運動》）中，從慈濟創辦人證嚴法師的個人特質、其跟隨者及集體行動等三個面向切入，透過證嚴法師的孝心與悲心、流動的組織與無形的科層化、領導人的臺灣行腳與慈濟人的花蓮尋根、使人感動落淚的音樂手語劇、慈濟的慈善與全球化等主題，深入剖析影響慈濟快速發展的主要因素。對於證嚴法師領袖魅力的分析，她認為應該從下列三個層面才能比較完整的瞭解慈濟的發展：(1) 證嚴法師的領袖魅力；(2) 信眾的信仰與投入；(3) 慈濟團體內部形塑的交融特質（communitas）(Huang, 2009)。這個「三位一體論」也可以相當完美地詮釋慈濟志工投入環保工作的生命經驗與心靈轉化。

本文初步分析的結果也呼應 Pieere Bourdieu (1990) 的實踐論觀點，他在論及習性（habitus）的概念時，認為人類具有主觀性與主動學習的特性，社會學習並非被動學習的過程，而是透過和他人的互動，主動發現自我與文化的過程，由此而發展出比較相似的價值觀或行為模式，這也是一個文化得以成形的主要原因。我們的發現更堅強地支持 Herbert Blumer (1969) 所提出的象徵（符號）互動論（symbolic interactionism）的三個核心觀點：(1) 人有尋求對自己有意義之事的傾向；(2) 意義是經由人際互動而產生；(3) 意義會透過個人的詮釋而加以修改。前文提到的意義追尋與發現價值和這些觀點極為類似，唯一的差異是象徵互動論特別強調人際互動對意義追尋的影響，因而能夠瞭解意義建構的重要動力。

從象徵互動論的角度，慈濟志工的環保行動受到下列三個面向的影響：(1) 慈濟的環保理念：證嚴法師於二十年前提出的環保觀念，迅速被慈濟志工所認同，並內化成為重要的價值觀與行為準則；(2) 證嚴法師的開示、慈濟委員的溫馨互動，以及大愛電視播放的節目，或是家人與鄰里的支持，成為影響志工投入的有意義他人與情境；(3) 志工個人的生命經驗與自我覺知，以及主動思索生命的意義與存在的價值，因而建構出一個正向的自我。

在這三個面向的交互影響下，慈濟環保志工展現強韌的毅力，如《無量義經》所說的：「守之不動，億百千劫」，不僅對臺灣的環境奉獻了心力，也使多數志工重新發現個人存在的意義與價值，而且在身心獲得安適感後，進一步以感恩心付出而無所求，展現助人利他的慈濟精神，建構出獨特的慈濟環保文化。

此外，除了「回收（recycle）、再利用（reuse）與減量（reduce）」三個基本的R之外，慈濟的環保另外加上二個R：拒絕（refuse）與尊重（respect），即（1）拒絕使用耗能而不環保的材質或工具，（2）基於眾生平等的觀念，尊重所有物命，鼓勵素食以避免殺生。在過度強調開發與經濟成長的「現代化」社會中，相對於多數人的汲汲於名利、巧取豪奪，慈濟人對環保的堅定信念與堅持，並且將物質環保提升到心靈環保的層次，不僅為宗教慈善開啟了一扇新的法門，也為「永續發展」提出一套具有啟發性的東方思維與論述。

引用文獻

梁雙蓮（2005）。慈濟功德會在台灣永續發展中的角色。**研考雙月刊**，29（5），103-109。

趙賢明（2006）。**台灣最美的人：證嚴法師與慈濟人**。中和：印刻文學。

賴怡玲、凃心怡（2010）。以愛灌漿：災後首批永久屋。載於凃心怡等，**緣起不滅 只是新生：八八水災週年紀念**（頁 93-104）。臺北：經典雜誌。

顏博文（2020）。環保 30，邁向地球永續之道。載於羅世明、邱千蕙、潘俞臻等著，**地球事，我的事：人與自然的永續行動**（頁 20-25）。臺北：布克文化。

羅世明（2020）。永續環境與人類的未來。載於羅世明、邱千蕙、潘俞臻等著，**地球事，我的事：人與自然的永續行動**（頁 316-329）。臺北：布克文化。

釋德桀（2009）。**殘缺的喜捨：身殘心不殘，環保志工的故事**。臺北：遠流。

Bateson, C. D., Ahmad, N., Lishner, D. A. & Tsang, J. (2003). Empathy and altruism. In Snyder, S. R. & Lopez, S. J. (eds.), *Handbook of Positive Psychology* (pp. 485-498). London: Oxford University Press.

Blumer, H. (1969). *Symbolic Interactionism: Perspectives and Method*. Berkeley, CA: University of California Press.

Borgonovi, F. (2008). Doing well by doing good. The

relationship between formal volunteering and self-reported health and happiness. *Social science & medicine*, 66 (11), 2321-2334.

Bourdieu, P. (1990). *The Logic of Practice*. Stanford, CA: Stanford University Press.

Bronfenbrenner, U. (1979). *The Ecology of Human Development: Experiment by Nature and Design.* Cambridge, MA: Harvard University Press.

Davis, C. G., Nolen-Hoeksema, S. & Larson, J. (1998). Making sense of loss and benefiting from the experience: Two construals of meaning. *Journal of Personality and Social Psychology*, *75*, 561-574.

Duckworth, A.L., Steen, T.A., & Seligman, M.E.P. (2005). Positive psychology in clinical practice. *Annual Review of Clinical Psychology*, *1*, 629-651.

Emmons, R. A. & Shelton, C. M. (2002). Gratitude and the science of positive psychology. In Snyder, C. R. & Lopez, S. J. (Eds). *Handbook of Positive Psychology* (pp. 459-471). New York, NY: Oxford University Press.

Hsu, F. L. K. (1985). The self in cross-cultural perspective. In Marsella, A. J., G. DeVos and F. L. K. Hsu (eds). (1985). *Culture and Self: Asian and Western Perspectives* (pp. 24-55). New York, NY: Tavistock.

Huang, Julia C. Y. (2009). *Charisma and Compassion*: *Cheng*

Yen and Buddhist Tzu Chi Movement. Cambridge, MA: Harvard University Press.

Lorimer, J. (2010) International conservation 'volunteering' and the geographies of global environmental citizenship. *Political Geography*, 29(6), 311-322.

Magnusson, D., & Mahoney, J. L. (2003). A holistic person approach for research on positive development. In L. G. Aspinwall & U.M. Staudinger (Eds.), *A psychology of human strengths: Fundamental questions and future directions for a positive psychology* (pp. 227-244). Washington, DC: American Psychological Association.

Matsuba, K., Hart, D. & Atkins, R. (2007). Psychological and social-structural influences on commitment to volunteering. *Journal of Research in Personality*. *41*, 889-907.

Moran, E. F. (2010). *Environmental Social Science: Human—Environment Interactions and Sustainability*. West Sussex, UK: Wiley-Blackwell.

MuCullough, M. E. & Snyder, C. R. (2000). Classical sources of human strength: Revisiting an old home and building a new one. *Journal of Social and Clinical Psychology*, *19*(1), 1-10.

Musick, M. and Wilson, J. (2003) Volunteering and depression: The role of psychological and social resources in different age groups. *Social Science and Medicine, 56*(2), 259-269.

Nolen-Hoeksema, S. & Davis, C. G. (2002). Positive responses to loss: Perceiving benefits and growth. In Snyder, S. R. & Lopez, S. J. (eds.), *Handbook of Positive Psychology* (pp. 598-607). London: Oxford University Press.

O'Neill, M. (2010). *Tzu Chi: Serving with Compassion*. Singapore: John Wiley & Sons (Asia).

Seligman, M. P. & Csikszentmihalyi, M. (2000). Positive psychology: An introduction. *American Psychologist*, *55*(1), 1-14.

Snyder, C. R., & Lopez, S. (2007). *Positive psychology: The scientific and practical explorations of human strengths*. Thousand Oaks, CA: Sage.

Strang, V. A. (2009). *What Anthropologists Do*. Oxford, UK: Berg.

Whiting, J. & Whiting, B. (1978). A strategy for psycho-cultural research. In Spindler, G. D. (ed.), *The Making of Psychological Anthropology* (pp. 41-61). Berkeley, CA: University of California Press.

慈濟環境保護——扇解脫風 除世熱惱

策劃執行／財團法人印證教育基金會、慈濟教育志業執行長辦公室
編　　著／財團法人印證教育基金會
文字提供／釋昭慧、邱碧霞、黃華德、李鼎銘、大愛感恩科技經營規劃室、簡玟玲、
林朝成、江允智、林光慧、呂麗粉、何縕琪、許木柱
責任編輯／許木柱、陳哲霖
圖片提供／慈濟花蓮本會、佛教慈濟基金會文史處圖像資料組、慈濟大學

發 行 人／王端正
總 編 輯／王志宏
叢書主編／蔡文村
叢書編輯／何祺婷
美術指導／邱宇陞
內頁排版／極翔企業有限公司
出 版 者／經典雜誌
財團法人慈濟傳播人文志業基金會
地　　址／臺北市北投區立德路二號
電　　話／02-2898-9991
劃撥帳號／19924552
戶　　名／經典雜誌
製版印刷／禹利電子分色有限公司
經 銷 商／聯合發行股份有限公司
地　　址／新北市新店區寶橋路235巷6弄6號2樓
電　　話／02-2917-8022
出版日期／2021年6月初版
定　　價／新台幣350元

ISBN 978-986-06556-1-2（精裝）Printed in Taiwan

國家圖書館出版品預行編目（CIP）資料

慈濟環境保護：扇解脫風 除世熱惱
—Tzu Chi Environmental Protection/
財團法人印證教育基金會— 初版 —
臺北市：經典雜誌，財團法人慈濟傳播人文志業基金會，2021.06
326面；15 * 21公分
ISBN：978-986-06556-1-2（精裝）
1. 佛教慈濟慈善事業基金會 2. 財團法人印證教育基金會 3. 環境保護 4. 公益事業
548.126　　110007316

ISBN 978-986-06556-1-2